普通高等教育"十三五"规划教材·会计系列

会计模拟
实习教程

KUAIJI MONI SHIXI JIAOCHENG

叶 斌 主编

中国财经出版传媒集团

经济科学出版社
Economic Science Press

图书在版编目（CIP）数据

会计模拟实习教程／叶斌主编. —北京：经济科学
出版社，2016.9（2017.7 重印）
ISBN 978 – 7 – 5141 – 7290 – 4

Ⅰ. ①会… Ⅱ. ①叶… Ⅲ. ①会计学 – 教材
Ⅳ. ①F230

中国版本图书馆 CIP 数据核字（2016）第 232249 号

责任编辑：王冬玲
责任校对：杨　海
责任印制：邱　天

会计模拟实习教程
叶　斌　主　编
经济科学出版社出版、发行　新华书店经销
社址：北京市海淀区阜成路甲 28 号　邮编：100142
总编部电话：010 – 88191217　发行部电话：010 – 88191522
网址：www. esp. com. cn
电子邮件：esp@ esp. com. cn
天猫网店：经济科学出版社旗舰店
网址：http：//jjkxcbs. tmall. com
北京中科印刷有限公司印装
787 × 1092　16 开　31.25 印张　620000 字
2016 年 9 月第 1 版　2017 年 7 月第 2 次印刷
印数：1501 – 3500 册
ISBN 978 – 7 – 5141 – 7290 – 4　定价：48.00 元
（图书出现印装问题，本社负责调换。电话：**010 – 88191510**）
（版权所有　侵权必究　举报电话：**010 – 88191586**
电子邮箱：**dbts@ esp. com. cn**）

前　言

　　会计学是一门实践性非常强的科学，如何让初学者学以致用，从而适用会计实际工作的需要，是会计学专业教学中一个十分重要的课题。为此，我们从培养学生的动手能力出发，编写了这本《会计模拟实习教程》。该教程的有关资料，是广东外语外贸大学会计学院和广东佰平教育集团在共同调研的基础上，对有关资料进行加工整理，同时根据形势的发展，修改、充实了相应的业务，调整、完善了凭证、账簿、报表的结构和内容，从而保证了模拟实习更贴近会计改革的实际。

　　本教程由广东外语外贸大学会计学院叶斌副教授担任主编，广东佰平教育集团董事长刘万良老师和齐齐哈尔大学王学宝副教授担任副主编，参加编写的还有广东外语外贸大学会计学院李莎副教授、唐亚娟讲师以及广东佰平教育集团总经理定雄武老师。本书在编写过程中，得到广东外语外贸大学会计学院、广东佰平教育集团、经济科学出版社等单位的大力支持，在此表示衷心的感谢。对在使用本教程过程中发现的差错恳请读者提出宝贵意见。

编者
2016 年 2 月

目　　　录

一、实操企业概况

（一）工商营业执照

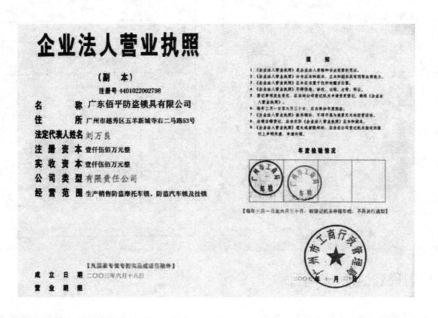

（二）组织机构代码证

（三）国税登记证——正面

（四）国税登记证——背面

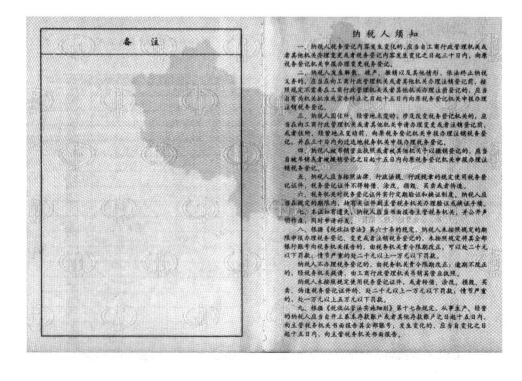

（五）地税登记证——正面

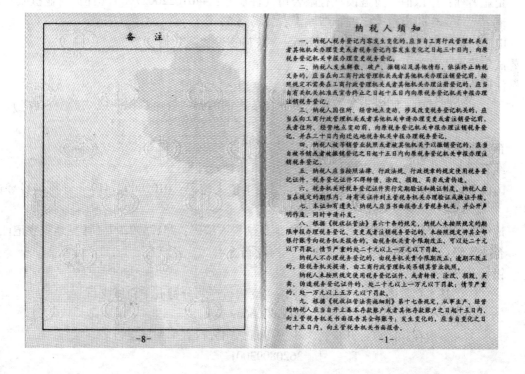

税务登记证
（副本）

粤地税　字 440102751959929　号

纳税人名称：广东佰平防盗锁具有限公司

　　　　　　纳税人编码：7519599299

法定代表人（负责人）：刘万良

地　　　址：广州市越秀区五羊新城寺右二马路53号

登记注册类型：　有限责任公司

经营范围：生产销售防盗摩托车锁、防盗汽车锁及挂锁

批准设立机关：　广州市工商行政管理局

扣缴义务：依法确

二〇〇〇年五月十三日

国家税务总局监制

-2-

总机构情况 （由分支机构填写）	
名　称	
纳税人识别号	
地　址	
经营范围	
名　称	
地　址	
名　称	
地　址	
名　称	
地　址	
名　称	
地　址	

-3-

（六）地税登记证——背面

备　注

-8-

纳税人须知

一、纳税人税务登记内容发生变化的，应当自工商行政管理机关或者其他机关办理变更或者注销登记内容发生变化之日起三十日内，向原税务登记机关申报办理变更税务登记。

二、纳税人发生解散、破产、撤销以及其他情形，依法终止纳税义务的，应当在向工商行政管理机关或者其他机关办理注销登记前，按照规定不需要在工商行政管理机关或者其他机关办理注册登记的，应当自有关机关批准或者宣告终止之日起十五日内向原税务登记机关申报办理注销税务登记。

三、纳税人因住所、经营地点变动，涉及改变税务登记机关的，应当在向工商行政管理机关或者其他机关申请办理变更或者注销登记前，或者住所、经营地点变动前，向原税务登记机关申报办理注销税务登记，并在三十日内向迁达地税务机关申报办理税务登记。

四、纳税人被吊销营业执照或者被其他机关予以撤销登记的，应当自被吊销或者被撤销登记之日起十五日内向原税务登记机关申报办理注销税务登记。

五、纳税人应当按照法律、行政法规、行政规章的规定使用税务登记证件，税务登记证件不得转借、涂改、损毁、买卖或者伪造。

六、税务机关对税务登记证件实行定期验证和换证制度，纳税人应当在规定的期限内，持有关证件到主管税务机关办理验证或换证手续。

七、本证如有遗失，纳税人应当书面报告主管税务机关，并公开声明作废，同时申请补发。

八、根据《税收征管法》第六十条的规定，纳税人未按照规定的期限申报办理税务登记、变更或者注销税务登记的，未按照规定将其全部银行账号向税务机关报告的，由税务机关责令限期改正，可以处二千元以下罚款；情节严重的处二千元以上一万元以下罚款。

纳税人不办理税务登记的，由税务机关责令限期改正；逾期不改正的，经税务机关提请，由工商行政管理机关吊销其营业执照。

纳税人未按照规定使用税务登记证件，或者转借、涂改、损毁、买卖、伪造税务登记证件的，处二千元以上一万元以下罚款；情节严重的，处一万元以上五万元以下罚款。

九、根据《税收征管法实施细则》第十七条规定，从事生产、经营的纳税人应当自开立基本存款账户或者其他存款账户之日起十五日内，向主管税务机关书面报告其全部账号；发生变化的，应当自变化之日起十五日内，向主管税务机关书面报告。

-1-

（七）银行开户许可证

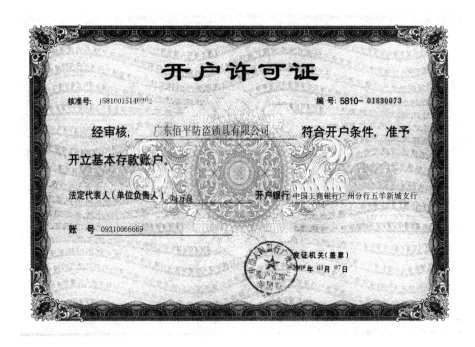

（八）企业基本情况简介

企业名称：广东佰平防盗锁具有限公司（注册号：4401022002798）（详见营业执照）

地　　址：广州市越秀区五羊新城寺右二马路53号

电　　话：020 – 87361887　87386865　31706989

法定代表人：刘万良

注册资本：壹仟伍佰万元整

　　　　　其中：80% 为刘万良出资（出资比例详见"公司章程"或"验资报告"）

　　　　　　　　20% 为赵求真出资

企业类型：有限责任公司

经营范围：生产销售防盗摩托车锁、防盗汽车锁及挂锁

国税登记证号码：440102751959929　国税纳税人编码：010200027419（详见国税登记证）

地税登记证号码：440102751959929　地税纳税人编码：7519599299（详见地税登记证）

企业代码：75195992 – 9（详见组织机构代码证）

银行开户：

　　　　基本存款账户：开户行：中国工商银行广州分行五羊新城支行

　　　　　　　　　　　账　号：09310066669

　　　　一般存款账户：开户行：中国银行广州分行五羊新城支行

　　　　　　　　　　　账　号：26208093001

（九）内部组织机构及人员分布

该厂共有职工 291 人，内部组织机构及人员分布如下，见图 1-1。

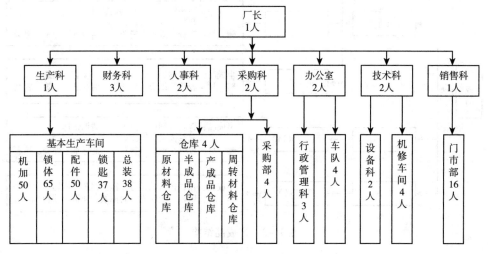

图 1-1　内部组织机构及人员分布

（十）生产工艺流程

1. 全厂概况图，见图 1-2。

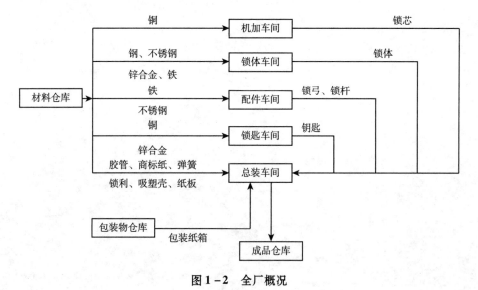

图 1-2　全厂概况

2. 产成品结构图，见图 1 - 3。

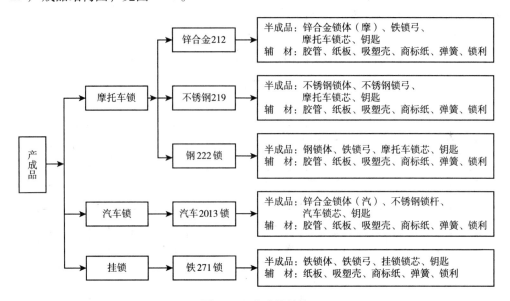

图 1 - 3　产成品结构

二、内部会计制度

（一）会计人员岗位责任制度

广东佰平防盗锁具有限公司财务科共有会计人员 3 名，分工如下：

1. 财务科长

审核业务，调度资金，进行财务分析，制订财务计划，参与企业经营决策，负责财务科的全面工作。

2. 出纳

办理货币资金的收付业务，根据有关现金、银行存款的记账凭证，登记现金日记账、银行存款日记账和现金流量表台账。

3. 会计

（1）编制固定资产购建、折旧、清理、清查等业务的记账凭证。

（2）编制材料采购、入库、领用等业务的记账凭证，登记材料核算的有关明细账。

（3）编制有关债权债务结算的记账凭证，登记有关明细账。

（4）编制费用发生、分配及成本结转等业务的记账凭证，填列各种费用分配表和产品成本计算表，登记有关费用、成本明细账。

（5）编制工资结算及分配，各项基金等业务的记账凭证。

（6）编制销售、计提税金、结转损益及利润等业务的记账凭证。登记有关明细账，填制各项税金纳税申报表。登记总账，编制对外报送的会计报表。

（二）账务处理程序

广东佰平防盗锁具有限公司采用科目汇总表账务处理程序如图 2 - 1 所示。

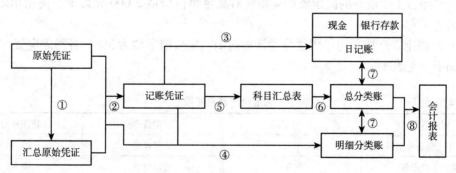

图 2 - 1　科目汇总表账务处理程序

（三）坏账准备的计提

年末，采用账龄分析法估计应收账款和其他应收款的坏账损失，调整坏账准备金余额。坏账准备的计提比例具体如下，见表2－1。

表2－1   坏账准备计提比例

账龄	计提比例	账龄	计提比例
半年以内（含半年）	2%	2～3年（含3年）	50%
半年～1年以内（含1年）	5%	3年以上	100%
1～2年以内（含2年）	20%		

（四）材料核算方法

（1）原材料按实际成本进行日常核算，按原材料类别、品名、规格开设明细账户，材料采购按材料类别进行明细核算，其分类项目为：主要材料（锌合金、不锈钢、钢材、铜材、铁材）、辅助材料（胶管、吸塑壳、纸板、弹簧、锁利、锁匙圈、商标纸）两大类。

（2）周转材料包括低值易耗品及包装物，领用时采用一次摊销法。

（3）平时根据"材料采购"明细账户记录收料单，编制结转入库材料实际成本的记账凭证。月末，根据领料单编制材料发出汇总表，据以编制存货发出的记账凭证。

（4）材料采购时的运费以各自采购重量为标准进行分配。

（5）月末对原材料等存货进行清查，根据盘点结果编制盘盈盘亏报告单，报经分管副厂长审批后在年末结账前处理完毕。

（五）固定资产核算

（1）生产经营用固定资产是指使用期限超过1年的与生产经营有关的设备、器具等；不属于生产经营主要设备的固定资产是指同时满足单位价值2 000元以上、使用年限超过2年的物品。

（2）对固定资产按平均年限法分类计提折旧，净残值率均为5%。各类固定资产预计使用年限如下，见表2－2。

表2－2   固定资产使用年限

固定资产	使用年限	固定资产	使用年限
基本生产设备及房屋	15年	管理设备	10年
辅助生产设备	5年	运输设备	10年

① 办公楼及管理设备折旧费在行政及销售部门分配比为8：2；

② 其他生产有关折旧费在生产车间及辅助车间的分配比为9：1。

（3）固定资产增加必须填制验收单，并办理有关手续。

（4）固定资产清理应由设备科提出报告，经技术鉴定后，报分管副厂长审批后处理。

（5）对外支付的固定资产修理费用，一次金额较大的，通过"长期待摊费用"账户核算，视金额大小和修理间隔期长短分期摊销；一次金额不大的，直接计入各受益的费用、成本账户中进行一次性摊销。

（6）财产保险费按季支付；机动车辆单独保险按年支付。

（7）每年末对固定资产进行清查，根据盘点结果编制盘盈盘亏报告单，报经分管副厂长审批后在年末结账前处理完毕。

（六）社保经费计提

社保经费计提比例见表2-3。

表2-3　　　　　　　　　　　　　社保经费计提比例

项　目	计提基数	（企业）计提比例	（个人）计提比
工会经费	本月应付工资总额	2%	
教育经费	本月应付工资总额	2.5%	
养老保险费	上年月平均工资总额	12%	8%
医疗保险费	上年月平均工资总额	8%	2%
失业保险费	上年月平均工资总额	2%	1%
工伤保险费	上年月平均工资总额	0.5%	
生育保险费	上年月平均工资总额	0.85%	
住房公积金	上年月平均工资总额	7%	12%

（七）水费、电费的分配方法

各月水费、电费分别按固定比例分摊。若实际消耗情况发生较大变化，则修改分摊比例。因销售部门在水电费分配方面比例太小，所以已归入行政管理部门共同计算。

1. 水费分摊比例如下，见表2-4。

表2-4　　　　　　　　　　　　　水费分摊比例

部　门	水费分摊比例
生产车间	85%
行政管理部门	5%
机修车间	10%
合计	100%

2. 电费分摊比例如下，见表 2 – 5。

表 2 – 5　　　　　　　　　　　　　　　　　电费分摊比例表

部　门	电费分摊比例
生产车间	80%
行政管理部门	13%
机修车间	7%
合计	100%

（八）保险费用分配方法

机动车辆保险及财产保险费先计入"预付账款"账户，在各受益期内分别摊销入各对应账户。

（九）辅助生产费用的归集与分配方法

广东佰平防盗锁具有限公司的机修车间为辅助生产车间，其所发生的全部费用直接记入"生产成本——辅助生产——机修车间"账户，并按各基本生产车间、行政管理部门实际耗用修理工时的比例进行分配。

（十）工资、福利费及制造费用的分配方法

工资、福利费及制造费用均按生产产品的定额工时比例进行分配。

（十一）在产品计价方法

企业月末在产品按定额成本计价。

（十二）产品成本计算方法

所有产品均按品种法予以核算。

（十三）存货发出的计价方法

材料、产成品发出均按全月一次加权平均法计价。

（十四）销售收入的确认、销售核算方法

企业销售商品能同时满足以下四个条件时，确认销售收入：

（1）企业已将商品所有权上的主要风险和报酬转移给购货方；

（2）企业既没有保留通常与所有权相联系的继续管理权，也没有对已售出的商品实施控制；

（3）与交易相关的经济利益能够流入企业；

（4）相关的收入和已发生或将发生成本能够可靠地计量。

收入确认的具体条件如下：

采用支票、银行汇票、商业汇票、汇兑等结算货款或赊销的，均在开出发票并发出产品以后确认销售收入；若采用委托收款、托收承付结算方式的，则应在开出发票、发出产品，并向银行办妥托收或托收承付手续后确认销售收入。

（十五）税金及附加的核算

（1）企业所得税税率25%；

（2）增值税税率（按月网上申报）：生产及销售防盗锁17%（该企业为增值税一般纳税人）；

（3）城市维护建设税7%（根据企业实际缴纳增值税、消费税、营业税三税税额计征，按月网上申报）；

（4）教育费附加3%（根据企业实际缴纳增值税、消费税、营业税三税税额计征，按月网上申报）；

（5）地方教育费附加2%（根据企业实际缴纳增值税、消费税、营业税三税税额计征，按月网上申报）；

（6）堤围防护费0.1%（根据营业收入计征，每半年交一次）；

（7）印花税：印花税在购买印花税票时计入当月管理费用；

（8）个人所得税：免征额为3 500元，个人缴纳的社保费、住房公积金允许在税前扣除。

由企业根据职工的每月工资所得，按七级超额累进税率代扣代缴（按月申报）。

（十六）提取法定盈余公积

按当期税后利润的10%提取法定盈余公积，而任意盈余公积的提取由单位自行决定。

三、建账资料

（一）企业会计科目表

序号	编号	名　称	序号	编号	名　称
		一、资产类	28	1531	长期应收款
1	1001	库存现金	29	1541	未实现融资收益
2	1002	银行存款	30	1601	固定资产
3	1012	其他货币资金	31	1602	累计折旧
4	1101	交易性金融资产	32	1603	固定资产减值准备
5	1121	应收票据	33	1604	在建工程
6	1122	应收账款	34	1605	工程物资
7	1123	预付账款	35	1606	固定资产清理
8	1131	应收股利	36	1701	无形资产
9	1132	应收利息	37	1702	累计摊销
10	1221	其他应收款	38	1703	无形资产减值准备
11	1231	坏账准备	39	1711	商誉
12	1321	代理业务资产	40	1801	长期待摊费用
13	1401	材料采购	41	1811	递延所得税资产
14	1402	在途物资	42	1901	待处理财产损溢
15	1403	原材料			二、负债类
16	1404	材料成本差异	43	2001	短期借款
17	1405	库存商品	44	2101	交易性金融负债
18	1406	发出商品	45	2201	应付票据
19	1407	商品进销差价	46	2202	应付账款
20	1408	委托加工物资	47	2203	预收账款
21	1411	周转材料	48	2211	应付职工薪酬
22	1471	存货跌价准备	49	2221	应交税费
23	1501	持有至到期投资	50	2231	应付利息
24	1503	可供出售金融资产	51	2232	应付利润
25	1511	长期股权投资	52	2241	其他应付款
26	1512	长期股权投资减值准备	53	2314	代理业务负债
27	1521	投资性房地产	54	2401	递延收益

续表

序号	编号	名　　称	序号	编号	名　　称
55	2501	长期借款	72	5101	制造费用
56	2502	长期债券	73	5201	劳务成本
57	2701	长期应付款	74	5301	研发支出
58	2702	未确认融资费用			六、损益类
59	2711	专项应付款	75	6001	主营业务收入
60	2801	预计负债	76	6051	其他业务收入
61	2901	递延所得税负债	77	6101	公允价值变动损益
		三、共同类	78	6111	投资收益
62	3101	衍生工具	79	6301	营业外收入
63	3201	套期工具	80	6401	主营业务成本
64	3202	被套期项目	81	6402	其他业务成本
		四、所有者权益类	82	6403	营业税金及附加
65	4001	实收资本	83	6601	销售费用
66	4002	资本公积	84	6602	管理费用
67	4101	盈余公积	85	6603	财务费用
68	4103	本年利润	86	6701	资产减值损失
69	4104	利润分配	87	6711	营业外支出
70	4201	库存股	88	6801	所得税费用
		五、成本类	89	6901	以前年度损益调整
71	5001	生产成本			

（二）账页格式及 2013 年 12 月初账户余额

科目编号	总账科目	二级科目	三级科目	余　　额		账页格式
				借方	贷方	
1001	库存现金			1 390.40		三栏式
1002	银行存款			704 573.21		三栏式
		工商银行	基本户	517 437.38		三栏式
		中国银行	一般户	187 135.83		三栏式
1012	其他货币资金			0.00		三栏式
		银行汇票		0.00		三栏式
1121	应收票据			2 661 600.00		三栏式
		银行承兑汇票	广州五羊百货商行	540 000.00		三栏式
			中山百货公司	507 000.00		三栏式
			广州天河摩配城	947 700.00		三栏式

续表

科目编号	总账科目	二级科目	三级科目	余额借方	余额贷方	账页格式
		商业承兑汇票	珠海五金百货公司	666 900.00		三栏式
1122	应收账款			1 488 900.00		三栏式
		广州南方百货公司		120 000.00		三栏式
		顺德摩配件公司		1 368 900.00		三栏式
1123	预付账款			100 000.00		三栏式
		顺德金属拉伸厂		100 000.00		三栏式
1221	其他应收款			5 000.00		三栏式
		销售科	周全	3 000.00		三栏式
		采购科	杜强	2 000.00		三栏式
1231	坏账准备				142 454.07	三栏式
		应收账款			142 243.17	三栏式
		其他应收款			210.90	三栏式
1402	在途物资			52 500.00		三栏式
		主要材料类		0.00		三栏式
		辅助材料类		52 500.00		三栏式
		周转材料类		0.00		三栏式
1403	原材料			5 531 950.00		三栏式
		明细资料见（七）原材料及周转材料实际成本表				数量式
1405	库存商品			5 973 000.00		三栏式
		明细资料见（八）库存商品数量金额表				数量式
1411	周转材料			26 086.80		三栏式
		明细资料见（七）原材料及周转材料成本表				数量式
1601	固定资产			6 029 700.00		三栏式
		明细资料见（九）固定资产明细表				专用式
1602	累计折旧				1 680 252.33	三栏式
		明细资料见（九）固定资产明细表				同固定资产
1901	待处理财产损溢			0.00		三栏式
		待处理流动资产损溢		0.00		三栏式
		待处理固定资产损溢		0.00		三栏式
2201	应付票据				1 507 282.20	三栏式

续表

科目编号	总账科目	二级科目	三级科目	借方	贷方	账页格式
		商业承兑汇票	佛山祥骏钢材厂		385 819.20	三栏式
			广州天河锌合金总厂		450 000.00	三栏式
		银行承兑汇票	上海铜业集团		671 463.00	三栏式
2202	应付账款				253 390.50	三栏式
			深圳大发钢铁公司		178 627.50	三栏式
			广州五羊塑料厂		74 763.00	三栏式
2203	预收账款				132 000.00	三栏式
			广州天河摩托车城		132 000.00	三栏式
2241	其他应付款				47 979.45	三栏式
		养老保险金			34 859.70	三栏式
		医疗保险金			8 350.65	三栏式
		失业保险金			4 769.10	三栏式
2211	应付职工薪酬				519 677.74	三栏式
		工资			348 781.56	三栏式
		养老保险金			55 758.68	三栏式
		医疗保险金			37 172.46	三栏式
		失业保险金			9 293.11	三栏式
		生育保险金			3 252.59	三栏式
		工伤保险金			2 323.28	三栏式
		教育经费			63 096.06	三栏式
2221	应交税费				380 844.90	三栏式
			应交城建税		19 922.70	三栏式
			应交企业所得税		55 875.00	三栏式
			应交个人所得税		6 806.70	三栏式
			未交增值税		284 010.00	三栏式
			应交教育费附加		8 538.30	三栏式
			应交地方教育费附加		5 692.20	三栏式
4001	实收资本				15 000 000.00	三栏式
			刘万良		12 000 000.00	三栏式
			赵求真		3 000 000.00	三栏式
4101	盈余公积				1 002 168.00	三栏式
			法定盈余公积		1 002 168.00	三栏式
4103	本年利润				1 550 705.16	三栏式

续表

科目编号	总账科目	二级科目	三级科目	余　额		账页格式
				借方	贷方	
4104	利润分配				603 388.11	三栏式
		未分配利润			603 388.11	三栏式
5001	生产成本			245 442.05		三栏式
		明细资料见（三）	"生产成本——基本生产"明细账户			多栏式

（三）"生产成本——基本生产"明细账户 2013 年 12 月初余额

项目＼品种	主要材料	辅助材料	工资及福利费	制造费用	合计
锌合金 212 锁	53 963.92	1 598.11	3 359.25	1 783.41	60 704.69
不锈钢 219 锁	47 125.22	1 052.94	3 139.03	1 666.67	52 983.86
钢 222 锁	38 660.59	1 694.57	3 118.10	1 655.59	45 128.85
汽车 2013 锁	52 536.57	1 317.68	3 449.33	1 831.29	59 134.87
铁 271 锁	22 393.32	826.17	2 789.17	1 481.12	27 489.78
合计	214 679.62	6 489.47	15 854.88	8 418.08	245 442.05

（四）"生产成本——辅助生产"明细项目

项目	工资及福利费	折旧费	低值易耗品摊销	材料消耗	水电费	其他

（五）"制造费用"明细项目

项目	工资及福利费	折旧费	修理费	低值易耗品摊销	材料消耗	水电费	办公费	其他

（六）"管理费用"明细项目

项目	工资及福利费	职工保险费	公积金	教育经费	折旧费	修理费	材料消耗	存货盘亏（减盘盈）	水电费	电话费	业务招待费	差旅费	税金	办公费	其他

（七）原材料及周转材料实际成本表

原材料期初实际成本汇总表

名称	计量单位	数量	单价（元）	实际成本（元）	名称	计量单位	数量	单价（元）	实际成本（元）
主要材料：					辅助材料：				
铜材	吨	60	42 500.00	2 550 000.00	胶管	条	100 000	10.50	1 050 000.00
钢材	吨	20	5 050.00	101 000.00	纸板	块	400 000	0.50	200 000.00
不锈钢	吨	30	10 765.00	322 950.00	吸塑壳	个	500 000	0.65	325 000.00
锌合金	吨	20	32 000.00	640 000.00	商标纸	张	100 000	0.20	20 000.00
铁材	吨	10	4 300.00	43 000.00	弹簧	根	800 000	0.20	160 000.00
					锁利	粒	2 000 000	0.05	100 000.00
					锁匙圈	个	100 000	0.20	20 000.00
合计				3 656 950.00	合计				1 875 000.00

周转材料期初实际成本汇总表

名称	单位	数量	单价（元）	实际成本（元）	名称	单位	数量	单价（元）	实际成本（元）
低值易耗品类：									
切割机	台	5	600.00	3 000.00	扳手	把	60	14.70	882.00
手磨机	把	18	150.00	2 700.00	钳子	把	120	9.68	1 161.60
手电钻	把	15	230.00	3 450.00	螺丝刀	把	180	7.74	1 393.20
合计				9 150.00	合计				3 436.80
包装物类：									
纸箱	个	5 000	2.70	13 500.00					

（八）库存商品数量金额表

名称	单位	数量	单价（元）	金额（元）
锌合金 212 锁	把	50 000	37.50	1 875 000.00
钢 222 锁	把	50 000	23.90	1 195 000.00
铁 271 锁	把	20 000	23.10	462 000.00
不锈钢 219 锁	把	25 000	42.90	1 072 500.00
汽车 2013 锁	把	35 000	39.10	1 368 500.00
合计				5 973 000.00

（九）固定资产明细表

固定资产明细表

固定资产类别	原值	预计使用年限	净残值率	折旧方法	已使用年限	已提折旧额
厂房车间	1 700 000.00	180（15 年）	5%	平均年限法	48（4 年）	430 666.67
仓库	300 000.00	180（15 年）	5%	平均年限法	48（4 年）	76 000.00
办公楼	1 000 000.00	180（15 年）	5%	平均年限法	48（4 年）	253 333.33
基本生产设备	1 823 800.00	180（15 年）	5%	平均年限法	48（4 年）	462 029.33
辅助生产设备	301 400.00	60（5 年）	5%	平均年限法	30（2.5 年）	143 165.00
管理设备	602 900.00	120（10 年）	5%	平均年限法	48（4 年）	229 102.00
运输设备	301 600.00	120（10 年）	5%	平均年限法	36（3 年）	85 956.00
合计	6 029 700.00					1 680 252.33

四、2013 年 12 月份发生的经济业务事项

（共计 60 项）

（1）12 月 1 日，签发工行支票一张，向工商银行提取现金 20 000.00 元。

要求：签发支票。

（2）12 月 1 日，开出增值税专用发票一张。

（3）12 月 2 日，验收入库 11 月订购的在途物资胶管一批（惠州胶管制造厂制造，5 000 条，价款 52 500.00 元）。

要求：填制进仓单。

（4）12 月 3 日，收到发票一张，签发工商银行支票一张付讫。

要求：签发支票。

（5）12 月 3 日，收到银行转来打印回单一份。

（6）12 月 3 日，收到费用报销单及发票。

（7）12 月 4 日，收到银行转来打印回单一份。

（8）12 月 6 日，收到增值税专用发票一张，货到验收，以支票支付货款，前有预付款。

要求：签发支票、填制进仓单。

（9）12 月 6 日，委托工商银行签发银行汇票一张。

要求：填制银行汇票委托书。

（10）12 月 6 日，收到借款单一张。

（11）12 月 7 日，收到办公室费用报销单及普通发票。

（12）12 月 7 日，收到支票一张，送存银行。

要求：填制进账单。

（13）12 月 7 日，开出增值税专用发票一张，收到银行汇票和解讫通知。

要求：填制进账单。

（14）12 月 7 日，收到增值税专用发票一张，货到验收，签发工行支票支付本次货款。

要求：签发支票、填制进仓单。

（15）12 月 8 日，收到采购科差旅费报销单。

要求：填制收据。

（16）12 月 8 日，收到银行转来的委托收款凭证，并同意付款。

（17）12 月 9 日，收到增值税专用发票及运输发票，货到验收，签发三个月期银行承兑汇票支付货款。

要求：签发银行承兑汇票、填制进仓单。

（18）12 月 9 日，开出增值税专用发票一张，收到支票一张。

要求：填制进账单。

（19）12 月 10 日，收到增值税专用发票一张，货款用 6 日申请的汇票结清，货已验收。

要求：填制进仓单。

（20）12月10日，收到增值税专用发票一张，物资已交付办公室使用。

（21）12月13日，收到银行汇票多余款收账通知。

（22）12月13日，收到银行转来的电子缴税回单。

（23）12月15日，收到银行转来借记凭证及社保结算表。

（24）12月15日，签发工商银行支票一张，委托银行代发上月工资，工资清单送交银行审核，另收到收费凭证一张。

要求：签发支票（收款人：广东佰平防盗锁具有限公司职工工资户）。

（25）12月17日，年末财产清查，收到财产清查报告单，原因待查。

（26）12月17日，收到专用报销凭证，款项从工商银行存款户直接扣款。

（27）12月20日，收到转来的普通发票一张，货已验收入库，签发工商银行支票支付货款。

要求：签发支票、填制进仓单。

（28）12月20日，收到银行转来电子缴税回单。

（29）12月21日，收到银行借方凭证回单及发票一张。

（30）12月21日，收到行业发票一张，签发工商银行支票支付款项。

要求：签发支票。

（31）12月22日，收到银行转来借方凭证回单及发票一张。

要求：编制水费分配表。

（32）12月22日，收到银行转来借方凭证回单及增值税专用发票。

要求：编制电费分配表。

（33）12月22日，收到工商银行的收款通知。

（34）12月22日，收到中国银行的收款通知。

（35）12月23日，收到费用报销单及普通发票。该批物资已由基本生产车间领用。

（36）12月24日，签发工行支票，支付保险费，收到保单及收据（发票后收）。

要求：签发支票。

（37）12月27日，收到增值税专用发票一张，货已验收入库，签发工行支票支付款项。

要求：签发支票、填进仓单。

（38）12月29日，收到银行收费凭证。

（39）12月30日，收到财产清查报告处理单。

（40）12月30日，收到增值税专用发票一张及固定资产交接单，签发工商银行支票支付款项。

要求：签发支票。

（41）12月30日，收到服务业发票一张及报销单。

（42）12月30日，收到费用报销单一张。

（43）12月31日，收到报销单及罚款收据。

（44）12月31日，计提并分配本月各类固定资产折旧。

要求：填制固定资产折旧分配表。

（45）12月31日，编制原材料、周转材料收、发、存汇总表。

（46）12 月 31 日，根据原材料、周转材料收、发、存汇总表结转发出材料成本。

（47）12 月 31 日，根据"工资结算汇总表"，结算本月工资。

（48）12 月 31 日，根据"工资结算汇总表"，结算代扣款项。

（49）12 月 31 日，根据"单位社保、经费计算表"，计提各种基金或经费。

（50）12 月 31 日，按修理工时分配结转本月机修车间发生的生产费用。

部门	修理工时	部门	修理工时
基本生产部门	1 280 小时	行政管理部门	120 小时

要求：编制机修车间的辅助生产成本分配表。

（51）12 月 31 日，按产品定额工时分配结基本生产车间的制造费用。各车间产品定额工时资料如下：

产品	定额工时
锌合金 212 锁	1 650 小时
不锈钢 219 锁	1 500 小时
铁 271 锁	1 295 小时
钢 222 锁	1 800 小时
汽车 2013 锁	1 575 小时
合计	7 820 小时

要求：编制基本生产车间的制造费用分配表。

（52）12 月 31 日，月末以在产品定额成本法计算本月完工产品成本。

要求：编制完工产品成本计算表。

（53）12 月 31 日，根据本月出仓单，汇总本月销售产品数量，结转各产品销售成本。

要求：编制产成品收发明细表。

（54）12 月 31 日，根据应缴增值税计提城市维护建设税、教育费附加及地方教育费附加。

要求：编制产品销售税金及附加计算表。

（55）12 月 31 日，结转本月未交增值税。

（56）12 月 31 日，根据年末应收账款及其他应收款的账龄情况，估计坏账损失，调整坏账准备金额。

应收款项账期	应收账款金额	其他应收款金额	合计	计提比例	坏账准备
半年以内	1 207 440.00	4 500.00	1 211 940.00	2%	24 238.80
半年至 1 年	—	—	—	5%	
1~2 年	—	—	—	20%	
2~3 年	—	—	—	50%	
3 年以上	—	—	—	100%	
合计	1 207 440.00	4 500.00	1 211 940.00	—	24 238.80

（57）12 月 31 日，结转损益类各账户余额。

（58）12 月 31 日，对本月利润总额进行纳税调整，计算、结转应交所得税。该厂 1 – 11 月份累计营业收入为 37 181 062.18 元，1 – 11 月份累计业务招待费为 167 869.30 元。

（59）12 月 31 日，结转本年利润且按全年税后利润的 10% 提取法定盈余公积，并根据董事会决议按出资比例向投资方分配股利 800 000.00 元，尚未支付。

（60）12 月 31 日，将"利润分配"账户其余各明细账户余额转入"未分配利润"账户。

五、2013 年 12 月份发生的经济业务原始凭证

业务 2

4400063140

广东增值税专用发票　　　No. 01827566

记账联

开票日期：2013 年 12 月 01 日

| 购货单位 | 名　　　称：广东佰平百货公司
纳税人识别码：440019122543980
地址、电话：广州市寺右二马路 46 号 020－85431264
开户行及账号：工商银行广州五羊支行 235－42836731 | | | | 密码区 | ＜4/59/27＜－＊8545＊70＜＞4
614274＜04375＞＞＞03//24
＊11/595＞156＞4/0891312
＜－7＋128＞＞2＊－31899＞＞16 | 加密版：01
400063140
1827566 | |

货物或应税劳务名称	规格型号	单位	数量	单价	金额	税率	税额
锌合金锁	212	把	4 000	55.00	220 000.00	17%	37 400.00
钢锁	222	把	4 000	40.00	160 000.00	17%	27 200.00
汽车锁	2013	把	4 000	60.00	240 000.00	17%	40 800.00
不锈钢锁	219	把	4 000	65.00	260 000.00	17%	44 200.00
铁锁	271	把	4 000	38.00	152 000.00	17%	25 840.00
合　　计					¥1 032 000.00		¥175 440.00

价税合计（大写）	⊗壹佰贰拾万柒仟肆佰肆拾元整　　　（小写）¥1207440.00

销货单位	名　　　称：广东佰平防盗锁具有限公司 纳税人识别码：440102751959929 地址、电话：广州市寺右二马路 53 号 020－31706989 开户行及账号：工商银行广州五羊新城支行 0931006669	备注

收款人：何志宏　　　复核：刘民权　　　开票人：唐小娟　　　销货单位（章）

第一联：记账联　销货方记账凭证

业务 4

广州商品交易会专用发票　　　03　0009816

发票联

付款单位：广东佰平防盗锁具有限公司　　　2013 年 12 月 03 日

项　目	单位	数　量	单价	十万	千	百	十	元	角	分
广交专场 A 级摊位费					3	0	0	0	0	0
合计人民币 （大写）	叁仟元整			¥3	0	0	0	0	0

本发票加盖公章有效

税务登记

粤税直三 B011411032

单位盖章
财务专用章

经手人：曹平

业务 5

跨系统业务回单　　　工 商 银 行

00855307　　　　　　　　　打印日期：20131203　　　INDUSTRIAL AND COMMERCIAL BANK

业务类型	：100101	系统编号　：2013120394000 ** PDHZ00222358
委托日期	：20131203	业务日期　：20131203
发报行行号	：564	接收行行号：0931　　　　　　支付交易序号：00855307
收款人账号	：09310066669	
收款人名称	：广东佰平防盗锁具有限公司	
付款人账号	：564001013418	
付款人名称	：顺德摩配件公司	
货币	：001	金额　　　：CNY1 368 900.00
附言	：货款	
用途	：	
业务种类	：	
付费单位预	：	
所属期间	：	税费种类　：
收费单位流水号	：	
我行对转账号	：	
我行对转账号名称	：	
备注	：	

（工商银行
五羊支行
2013-12-03
转 讫
（6））

业务 6

广东省地方税收通用发票（电子）

发 票 联

开票日期：2013 - 12 - 03　　　　　　　　　行业类别：文化业

付款方名称：广东佰平防盗锁具有限公司
付款账号：
收款方名称：广东佰平人才培训有限公司
收款方识别号：
主管税务机关：广州市越秀区地方税务局

序号	开票项目说明	金额（元）	备注
1	业务培训费	600.00	

合计（大写）：人民币陆佰圆整　　　　　　　　合计（小写）：￥600.00
附注：
本发票未登记抽奖，请您在 30 天内补录查验参与抽奖。建议你下次索要时提供手机号码，现场录入查验登记抽奖

No. 1304001 - 50294938　　　　　　　开票人：曹平　　（广东佰平人才培训有限公司
44106852378602
发票专用章）

（发票联　付款方付款凭证）

T6 式

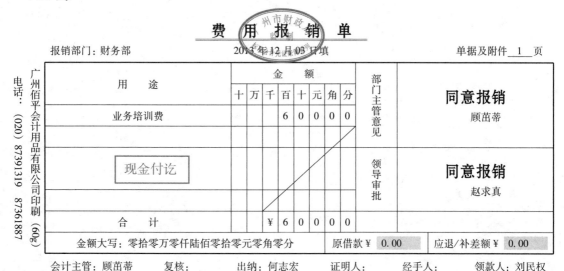

费 用 报 销 单

2013 年 12 月 03 日填

报销部门：财务部   单据及附件___1___页

用 途	金 额							部门主管意见	同意报销
	十万	千	百	十	元	角	分		
业务培训费			6	0	0	0	0		顾苗蒂
现金付讫								领导审批	同意报销
									赵求真
合 计			￥	6	0	0	0	0		

电话：(020) 87391319 87361887
广州佰平会计用品有限公司印刷 (60g)

金额大写：零拾零万零仟陆佰零拾零元零角零分   原借款 ￥ 0.00   应退/补差额 ￥ 0.00

会计主管：顾苗蒂   复核：   出纳：何志宏   证明人：   经手人：   领款人：刘民权

业务7

跨系统业务回单   工 商 银 行

00855415   打印日期：20131204   INDUSTRIAL AND COMMERCIAL BANK

业务类型   ：100101   系统编号：2013120394000 ＊＊ PDHZ00222358
委托日期   ：20131204   业务日期：20131204
发报行行号   ：0931   接收行行号：507   支付交易序号：00855415
收款人账号   ：507－00001111
收款人名称   ：上海铜业集团
付款人账号   ：09310066669
付款人名称   ：广东佰平防盗锁具有限公司
货币   ：001   金额：CNY671 463.00
附言   ：银行承兑汇票票款
用途   ：
业务种类   ：
付费单位预   ：
所属期间   ：   税费种类：
收费单位流水号：
我行对转账号 ：
我行对转账号名称：
备注   ：

业务 8

650140875

广东增值税专用发票　　　No. 02085702

开票日期：2013 年 12 月 06 日

国税函 [2013] 622 号 海南华森实业有限公司

购货单位	名　　称：广东佰平防盗锁具有限公司 纳税人识别码：440102751959929 地址、电话：广州市越秀区五羊新城寺右二马路 53 号 开户行及账号：工商银行广州五羊支行 09310066669	密码区	<4/59/27 < - ＊8545＊70 < >4 614274 <04375 > > 03//24 ＊11/595 >156 >4/0891312 < -7＋128 > >2＊-31899 > >16	加密版：01 650140875 02085702

货物或应税劳务名称	规格型号	单位	数量	单价	金额	税率	税额
铜材	A 拉 ¢ 30	吨	5	40 000	200 000.00	17%	34 000.00
钢材		吨	5	5 000	25 000.00	17%	4 250.00
不锈钢		吨	10	10 500	105 000.00	17%	17 850.00
锌合金		吨	10	30 000	300 000.00	17%	51 000.00
铁材		吨	20	4 000	80 000.00	17%	13 600.00
合　计					￥710 000.00		￥120 700.00

价税合计（大写）	⊗捌拾叁万零柒佰元整	（小写）￥830 700.00

销货单位	名　　称：顺德金属拉伸厂 纳税人识别码：310105207113040 地址、电话：广州市东兴南路 180 号 020－31903201 开户行及账号：工商银行广州洗村支行 5511415056	备注	顺德金属拉伸厂 310105207113040 发票专用章

收款人：陈菊　　　　复核：张雪　　　　开票人：徐大兴　　　　销货单位（章）

第三联：发票联　购货方记账凭证

业务 9

付款期限 壹个月

中国工商银行
银行汇票　（解讫通知）　3

Ⅵ Ⅱ 00157326
第　　号

出票日期（大写）　贰零壹叁年壹拾贰月零陆日

代理付款行：工行广州市五羊新城支行　　行号：

收款人：浙江五金制品厂	账号：891001179										
出票金额 人民币（大写） 壹拾万元整											
实际结算金额 人民币（大写）		千	百	十	万	千	百	十	元	角	分

申请人：广东佰平防盗锁具有限公司　　　账号：09310066669

出票行：工行广州市五羊新城支行

备注：货款

代理付款行盖章

复核　　　经办

中国工商银行 汇票专用章 2013-12-06　　平王印立

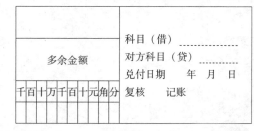

多余金额	科目（借）
	对方科目（贷）
	兑付日期　年　月　日
千 百 十 万 千 百 十 元 角 分	复核　　记账

此联代理付款行兑付后随报单寄出票行，由

出票行作多余款贷方凭证

付款期限
壹个月

中国工商银行
银 行 汇 票   **2**

Ⅵ Ⅱ 00157326
第　号

出票日期（大写）	贰零壹叁年壹拾贰月零陆日	代理付款行：工行广州市五羊新城支行　　行号：											

收款人：浙江五金制品厂　　　　账号：891001179

出票金额
（大写）　人民币　壹拾万元整

实际结算金额（大写）　人民币	千	百	十	万	千	百	十	元	角	分

申请人：广东佰平防盗锁具有限公司　　　　账号：09310066669

出票行：工行广州市五羊新城支行

备　注：货款

凭票付款＿＿＿＿＿

出票行签章

多余金额	科目（借）＿＿＿＿＿
	对方科目（贷）＿＿＿＿
千 百 十 万 千 百 十 元 角 分	兑付日期　年 月 日
	复核　　记账

（中国工商银行 汇票专用章 2013-12-06）

（平王印立）

此联代理付款后作联行往账借方凭证附件

业务 10

借 款 审 批 单

2013 年 12 月 06 日

借 款 部 门	采购科		借款人	岳德军
借 款 事 由	外出采购材料			
借 款 金 额	人民币（大写）零拾零万壹仟伍佰零拾零元零角零分			
预计还款报销日期	2013 年 12 月 10 日			￥ 1 500.00
审 批 意 见	同意借支 赵求真	现金付讫	借款人 签 收	岳德军 2013 年 12 月 06 日

会计主管　顾苗蒂　　　　　　　出 纳　何志宏

广州佰平会计用品有限公司印刷

业务 11

广东省国家税务局通用机打发票

发票代码：144000521333
发票号码：No 31496070

开票日期：2013 - 12 - 07   行业类别：商业

顾客名称：广东佰平防盗锁具有限公司
地址：广州市越秀区五羊新城寺右二马路 53 号

第一联存根联（手写无效）

项目说明	单位	数量	单价	金额
墨盒	个	3	100	300.00

合计金额大写（人民币）：⊗叁佰圆整   合计金额小写：￥300.00

开票人：冯玉珍   收款人：李丽芬   开票单位（盖章）：广州市恒达科技发展公司

44106852378602
发票专用章

查验发票及查询发票防伪措施请登录广东省国家税务局网址 http://portal.gd - n-tax.gcv.cm

费 用 报 销 单

报销部门：办公室   2013 年 12 月 7 日填   单据及附件 _1_ 页

广州佰平会计用品有限公司印刷（60g）
电话：(020) 87391319 87361887

用　途	金　额							部门主管意见	同意报销
	十万	千	百	十	元	角	分		
墨盒三个			3	0	0	0	0		彭志强
现金付讫								领导审批	同意报销 赵求真
合　计	￥		3	0	0	0	0		

金额大写：零拾零万零仟叁佰零拾零元零角零分   原借款 ￥ 0.00   应退/补差额 ￥ 0.00

会计主管：顾苗蒂   复核：   出纳：何志宏   证明人：   经手人：   领款人：李燕连

业务 12

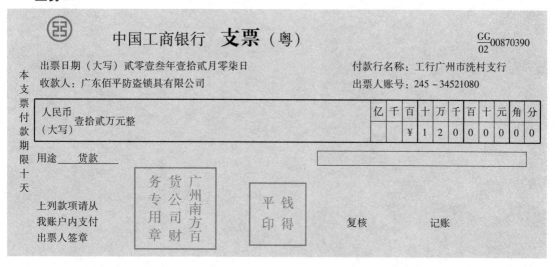

<table>
<tr><td colspan="2">中国工商银行　**支票**（粤）</td><td>GG
02 00870390</td></tr>
</table>

中国工商银行　**支票**（粤）　　　　　GG/02 00870390

出票日期（大写）贰零壹叁年壹拾贰月零柒日　　付款行名称：工行广州市洗村支行
收款人：广东佰平防盗锁具有限公司　　　　　出票人账号：245 - 34521080

人民币　壹拾贰万元整
（大写）

亿	千	百	十	万	千	百	十	元	角	分
			¥1	2	0	0	0	0	0	0

用途　货款

本支票付款期限十天

上列款项请从
我账户内支付
出票人签章

务专用章　货公司财　广州南方百

平钱印得

复核　　　记账

业务 13

4400063141　　　　　　**广东增值税专用发票**　　No. 01827567

记账联

开票日期：2013 年 12 月 07 日

购货单位	名　　称：东莞百货公司 纳税人识别码：310225511415054 地址、电话：东莞市建设二路 13 号 0769 - 03078905 开户行及账号：工商银行东莞建设路支行 351 - 23546789			密码区	<4/59/27 < - *8545*70 < >4 614274 <04375 > > 03//24 *11/595 >156 >4/0891312 < -7+128 > >2 * -31899 > >16	加密版：01 400063141 1827567

货物或应税劳务名称	规格型号	单位	数量	单价	金额	税率	税额
不锈钢锁	219	把	5 000	65.00	325 000.00	17%	55 250.00
钢锁	222	把	8 000	40.00	320 000.00	17%	54 400.00
合　　计					¥645 000.00		¥109 650.00

价税合计（大写）	⊗柒拾伍万肆仟陆佰伍拾元整　　（小写）¥754 650.00

销货单位	名　　称：广东佰平防盗锁具有限公司 纳税人识别码：440102751959929 地址、电话：广州市寺右二马路 53 号 020 - 31706989 开户行及账号：工商银行广州五羊新城支行 09310066669	备注

收款人：何志宏　　　复核：刘民权　　　开票人：唐小娟　　　销货单位（章）

国税函〔2013〕622 号海南华森实业有限公司

第一联：记账联 销货方记账凭证

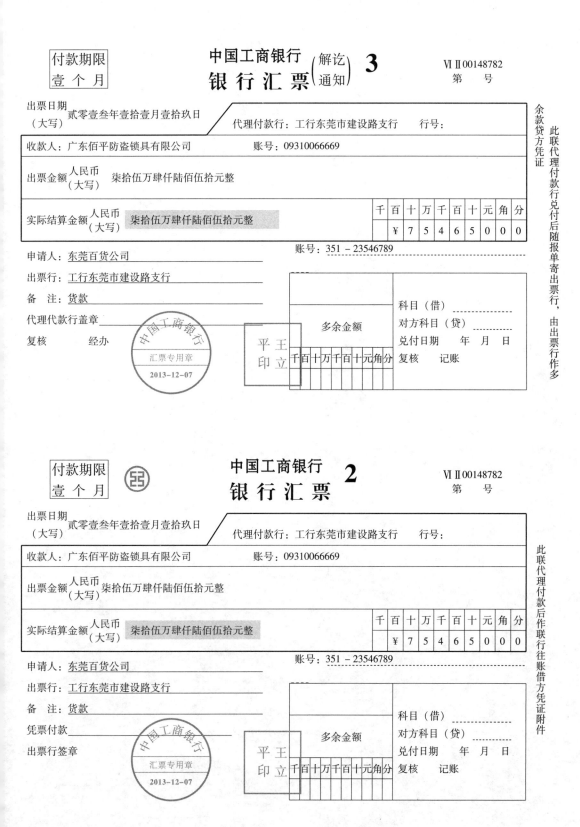

业务 14

代开 4400113170

广东增值税专用发票

No. 00746555

开票日期：2013 年 12 月 07 日

购货单位	名　　称：广东佰平防盗锁具有限公司 纳税人识别码：440102751959929 地址、电话：广州市越秀区五羊新城寺右二马路 53 号 开户行及账号：工商银行广州五羊新城支行 09310066669			密码区	<4/59/27 < - *8545 *70 < >4　加密版：01 614274 <04375 > >03//24　　630130034 *11/595 >156 >4/0891312　　43871889 < -7 +128 >>2 * -31899 >>16		
货物或应税劳务名称	型号	单位	数量	单价	金额	税率	税额
纸箱	中号	个	15 000	2.8	42 000.00	3%	1 260.00
合　　计					￥42 000.00		￥1 260.00
价税合计（大写）	肆万叁仟贰佰陆拾元整				（小写）　￥43 260.00		
销货单位	名　　称：佛山市六水区国家税务局（代开机关） 纳税人识别码：440111740806317 月（代开机关） 地址、电话：佛山市南海区大沥镇 13 号 开户行及账号：09310078878（完税凭证号）			备注	代开企业税号：65431312125//代开企业名 称：佛山市六水区西南街丰裕达五金刚 44111740806317 发票专用章		

收款人：江家添　　　复核：吕启明　　　开票人：马志红　　　销货单位（章）

国税函〔2011〕313 号海南华森实业公司

第三联：发票联　购货方记账凭证

业务 15

差旅费报销单

报销部门：采购科　　　　　　填报日期：2013 年 12 月 08 日

姓名	杜强		职别	采购员	出差事由		采购材料			
出差起止日期自　2013 年 12 月 04 日起至 2013 年 12 月 08 日止共							天附单据　25　张			

日期		起讫地点	天数	机票费	车船费	市内交通费	住宿费	出差补助	住宿节约补助	其他	小计
月	日										
12	4	广州~上海	15	1 000.00		25.00	730.00	150.00	143.00		2 048.00
							现金付讫				
		合　　计		1 000.00		25.00	730.00	150.00	143.00		￥2 048.00

总计金额（大写）人民币零万贰仟零佰肆拾捌元零角零分　预支　￥2 000.00 元　补付　￥48.00 元

负责人　　　会计　刘民权　　　审核　顾苗蒂　　　部门主管　王信兴　　　出差人　杜强

06 号广州佰平会计用品有限公司印刷

业务 16

| 委邮 | | 委托收款　凭证（付账通知）**5** | 托收号码：　　　第　号 |

委托日期　2013 年　12 月 04 日　　付款期限 2013 年 12 月 08 日

付款人	全　称	广东佰平防盗锁具有限公司	收款人	全　称	佛山祥骏钢材厂
	账　号或地址	09310066669		账　号	2103140981
	开户银行	工行五羊新城支行		开户银行	工行佛山顺德支行

委收金额	人民币（大写）叁拾捌万伍仟捌佰壹拾玖元贰角零分	千	百	十	万	千	百	拾	元	角	分
			¥	3	8	5	8	1	9	2	0

| 款项内容 | 货款 | 委托收款凭据名称 | 商业承兑汇票 | 附寄单证张数 | |

备注：

（中国工商银行　佛山市顺德支行　2013-12-08　印章）

付款单位注意：

1. 根据结算方法，上列委托收款，如在付款期限内未拒付时，即视同全部同意付款，以此联代付款通知

2. 如需提前付款或多付款时，应另写书面通知送银行办理

3. 如系全部或部分拒付，应在付款期限内另填拒绝付款理由书送银行办理

此联付款人开户银行给付款人按期付款的通知

单位主管　　　会计 李强　复核　　　记账　　　付款人开户行盖章　　　年　月　日

业务 17

630130034　　　　**广东增值税专用发票**　　　No. 43871889

（全国统一发票监制　发票联　印章）

开票日期：2013 年 12 月 09 日

购货单位	名　　称：广东佰平防盗锁具有限公司纳税人识别码：440102751959929地址、电话：广州市越秀区五羊新城寺右二马路 53 号开户行及账号：工商银行广州五羊新城支行09310066669	密码区	<4/59/27 < - * 8545 * 70 < > 4　加密版：01614274 <04375 > > 03//24　630130034* 11/595 >156 > 4/0891312　43871889< -7 +128 > > 2 * -31899 > >16

货物或应税劳务名称	规格型号	单位	数量	单价	金额	税率	税额
钢材	¢ 42	吨	12	5 000	60 000.00	17%	10 200.00
不锈钢	¢ 48	吨	20	11 000	220 000.00	17%	37 400.00
合　计					¥ 280 000.00		¥ 47 600.00

| 价税合计（大写） | ⊗叁拾贰万柒仟陆佰元整 | （小写）¥ 327 600.00 |

销货单位	名　　称：佛山祥骏钢材厂纳税人识别码：310106200321762地址、电话：佛山市顺德路 180 号 0757 - 08397101开户行及账号：工商银行佛山市顺德支行 2103140981	备注	（佛山祥骏钢材厂 310106200321762 发票专用章）

收款人：沈灵芝　　　复核：常江　　　开票人：刘水根　　　销货单位（章）

国税函 [2013] 622 号海南华森实业有限公司

第三联：发票联 购货方记账凭证

3400124730　　　货物运输业增值税专用发票　　No. 00250051

发票联

3400124530

002522544

开票日期：2013 年 12 月 09 日

承运人及 纳税人识别号	佛山顺丰物流有限公司 440104724832996	密码区	<4/59/27 < – *8545 *70 <> 4　加密版：01 614274 <04375 > > 03//23　　630130047 *11/595 >156 >4/0891312　　43871858 < –7 +128 > >2 * –31899 > >16
实际受票方及 纳税人识别号	广东佰平防盗锁具有限公司 440102751989929		

收货人及 纳税人识别号	广东佰平防盗锁具有限公司 440102751989929	发货人及 织税人识别号	佛山祥骏钢材厂 310106200321762

发起地、经由、到达地			

费用明细及金额	费用项目	金额	费用项目	金额	运输货物信息	
	钢材料	1 780				

合计金额	1 780	税率	11%	税额	220	机器编号	

税价合计（大写）⊗贰仟圆整　　　　　（小写）￥2 000.00	

车种车号		车船吨位		备注	
主管税务机关 及代码	佛山市国家税务局 440104724832996				

收款人：江永添　　　　复核人：马志红　　　　开票人：谢秋乖　　　　承运人（章）：

第三联：发票联　购货方记账凭证

业务 18

4400063143　　　广东增值税专用发票　　No. 01827569

发票联

开票日期：2013 年 12 月 09 日

国税函[2013] 622 号海南华森实业有限公司

购货单位	名　　　称：广州南方百货公司 纳税人识别码：330602100731104 地址、电话：广州市洗村 761 号 020 – 32189022 开户行及账号：工商银行洗村支行 245 – 34521080	密码区	<4/59/27 < – *8545 *70 < >4　加密版：01 614274 <04375 > > 03//24　　400063143 *11/595 >156 >4/0891312　　1827569 < –7 +128 > >2 * –31899 > >16

货物或应税劳务名称	规格型号	单位	数量	单价	金额	税率	税额
汽车锁	2013	把	5 000	60.00	300 000.00	17%	51 000.00
钢锁	222	把	8 000	40.00	320 000.00	17%	54 400.00
铁锁	271	把	5 000	38.00	190 000.00	17%	32 300.00
锌合金	212	把	8 000	55.00	440 000.00	17%	74 800.00
合　计					￥1 250 000.00		￥212 500.00

价税合计（大写）　　⊗壹佰肆拾陆万贰仟伍佰元整　　　　（小写）￥1 462 500.00	

销货单位	名　　　称：广东佰平防盗锁具有限公司 纳税人识别码：440102751959929 地址、电话：广州市寺右二马路 53 号 020 – 31706989 开户行及账号：工商银行广州五羊新城支行 09310066669	备注	

收款人：何志宏　　　　复核：刘民权　　　　开票人：唐小娟　　　　销货单位（章）

第三联：记账联　销货方记账凭证

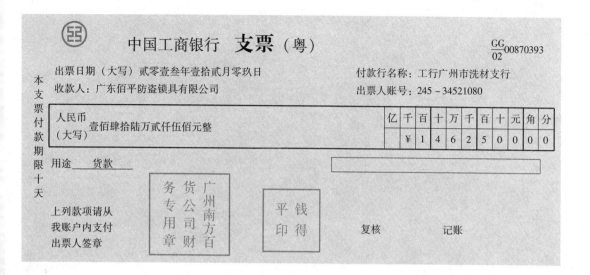

中国工商银行　支票（粤）

GG 02 00870393

出票日期（大写）贰零壹叁年壹拾贰月零玖日

付款行名称：工行广州市洗材支行
出票人账号：245－34521080

收款人：广东佰平防盗锁具有限公司

本支票付款期限十天

人民币（大写）壹佰肆拾陆万贰仟伍佰元整

亿	千	百	十	万	千	百	十	元	角	分
	￥	1	4	6	2	5	0	0	0	0

用途　货款

上列款项请从
我账户内支付
出票人签章

复核　　　记账

业务 19

630171038

浙工增值税专用发票

发票联

No. 04457001

开票日期：2013 年 12 月 09 日

购货单位	名　　　称：广东佰平防盗锁具有限公司 纳税人识别码：440102751959929 地址、电话：广州市越秀区五羊新城寺右二马路 53 号 开户行及账号：工商银行广州五羊新城支行 09310066669		密码区	<4/59/27 < − *8545*70 < >4　加密版：01 614274 <04375 > > >03//24　　630171038 *11/595 >156 >4/0891312　　04457001 < −7 +128 > >2 * −31899 > 16			
货物或应税劳务名称	规格型号	单位	数量	单价	金额	税率	税额
弹簧	小号	根	300 000	0.22	66 000.00	17%	11 220.00
锁利	小号	粒	300 000	0.06	18 000.00	17%	3 060.00
合　　计					￥84 000.00		￥14 280.00
价税合计（大写）	⊗玖万捌仟贰佰捌拾元整			（小写）￥98 280.00			
销货单位	名　　　称：浙江五金制品厂 纳税人识别码：310206713409001 地址、电话：浙江余姚市人民路 180 号 63744021 开户行及账号：农行余姚市支行 891001179		备注				

收款人：张强　　　复核：刘丽　　　开票人：李三江　　　销货单位（章）

国税函〔2013〕125 杭州泰乐实业有限公司

第三联：发票联 购货方记账凭证

业务 20

852050763　　　　　　　　广东增值税专用发票　　　No. 31013251

发票联

开票日期：2013 年 12 月 10 日

购货单位	名　　称：广东佰平防盗锁具有限公司
	纳税人识别码：440102751959929
	地址、电话：广州市越秀区五羊新城寺右二马路 53 号
	开户行及账号：工商银行广州五羊新城支行 09310066669

密码区：
<4/59/27 < - *8545 *70 < >4　加密版：01
614274 <04375 > > >03//24　852050763
*11/595 >156 >4/0891312　31013251
< -7 +128 > >2 * -31899 > >16

货物或应税劳务名称	规格型号	单位	数量	单价	金额	税率	税额
复印纸	A4	箱	1	200.00	200.00	17%	34.00
	现金付讫						
合　　计					¥200.00		¥34.00

价税合计（大写）　⊗贰佰叁拾肆元整　（小写）¥234.00

销货单位	名　　称：广州文汇文具商店	备注
	纳税人识别码：330302100731104	
	地址、电话：广州市文化路 614 号 020－74421063	
	开户行及账号：工商银行广州市文化路支行 0445700121	

收款人：常江　　　复核：叶大明　　　开票人：姚刚　　　销货单位（章）

第三联：发票联　购货方记账凭证

国税函 [2013] 622 号海南华森实业有限公司

业务 21

付款期限　壹个月

中国工商银行　（多余款）　4
银行汇票　（收账通知）

VI II 00157326
第　号

出票日期（大写）贰零壹叁年壹拾贰月零陆日

代理付款行：工行广州市五羊新城支行　行号：

收款人：浙江五金制品厂　　　账号：891001179

出票金额　人民币（大写）壹拾万元整

实际结算金额　人民币（大写）玖万捌仟贰佰捌拾元整

千	百	十	万	千	百	十	元	角	分
			¥9	8	2	8	0	0	0

申请人：广东佰平防盗锁具有限公司　　　账号：09310066669

出票行：工行广州市五羊新城支行

备　注：货款

代理付款行盖章

复核　　经办

多余金额	科目（借）
	对方科目（贷）
	兑付日期　年　月　日
	复核　　记账

千	百	十	万	千	百	十	元	角	分
			¥1	7	2	0	0	0	

此联代理付款行结清后交付款人

业务 22

广州电子缴税系统回单

扣款日期：20131208
清算日期：20131208

付款人名称：广东佰平防盗锁具有限公司
付款人账号：09310066669
付款人开户银行：中国工商银行广州分行五羊新城支行

收款人名称：广州市越秀区国家税务局
收款人账号：77885590005
收款人开户银行：国家金库越秀区支库

工商银行广州五羊新城支行
2013.12.13
转讫
（1）

款项内容：代扣（国税　）税款
小写金额：￥55 875.00
大写金额：人民币伍万伍仟捌佰柒拾伍元整
纳税人编码：440102751959929
纳税人名称：广东佰平防盗锁具有限公司

电子税票号：0000010008762148

税种	所属期	纳税金额	备注
企业所得税	20131101－20131130	￥55 875.00	

经办：　　　　复核：　　　　打印次数：1　　　　打印日期：20131213

广州电子缴税系统回单

扣款日期：20131208
清算日期：20131208

付款人名称：广东佰平防盗锁具有限公司
付款人账号：09310066669
付款人开户银行：中国工商银行广州分行五羊新城支行

收款人名称：广州市越秀区国家税务局
收款人账号：77885590005
收款人开户银行：国家金库越秀区支库

工商银行广州五羊新城支行
2013.12.13
转讫
（1）

款项内容：代扣（国税　）税款
小写金额：￥284 010.00
大写金额：人民币贰拾捌万肆仟零壹拾元整
纳税人编码：440102751959929
纳税人名称：广东佰平防盗锁具有限公司

电子税票号：0000010008710048

税种	所属期	纳税金额	备注
增值税	20131101－20131130	￥284 010.00	

经办：　　　　复核：　　　　打印次数：1　　　　打印日期：20131213

业务 23

广州电子资金转账系统定期借记　凭证　**2**

2013 年 12 月 15 日　　　　　　　凭证提交号　05369885

发起行行　号	102 - 0098 - 51800	接收行行　号	306 - 0098 - 51842

付款人	账号	09310066669	收款人	账号	36020092923
	名称	广东佰平防盗锁具有限公司		名称	工商银行广州市地方税务局

金额（大写）人民币壹拾伍万陆仟肆佰柒拾陆元伍角伍分

金　额　2013.12.15 转讫（2）

CNY156 476.55

事由

社保基金费用

上列款项业务经代扣，如有错误请与收款人接洽

　　　　　30410　　银行盖章

复核　　　　　　记账

此联接收行交付款人作付款通知

电脑打印，手工无效

广州市职工社会保险结算表

2013 年 12 月

单位名称：广东佰平防盗锁具有限公司

单位编码：141818048　　　　本月扣款日期：2013. 12. 15　　　　　　No. 40542

应缴项目	核定金额（元）	应付项目	核定金额（元）
1. 养老保险缴费基数	464 655.75	13. 医疗保险缴费基数	464 655.75
2. 养老保险单位缴费率（%）	12	14. 医疗保险单位缴费率（%）	8
3. 单位应缴养老保险金额	55 758.68	15. 单位应缴医疗保险金额	37 172.46
4. 养老保险费个人缴费总额	34 859.70	16. 医疗保险个人缴费总额	8 350.65
5. 其中：个人缴费月基数	34 859.70	17. 其中：个人缴费月基数	8 350.65
6. 养老保险缴纳合计	90 618.38	18. 生育保险缴费基数	464 655.75
7. 失业保险缴费基数	464 655.75	19. 生育保险单位缴费率（%）	0.85
8. 失业保险单位缴费率（%）	2	20. 单位应缴生育保险金额	3 949.57
9. 单位应缴失业保险金额	9 293.11	21. 工伤保险缴费基数	464 655.75
10. 失业保险个人缴费总额	4 769.10	22. 工伤保险单位缴费率（%）	0.5
11. 其中：个人缴费月基数	4 769.10	23. 单位应缴工伤保险金额	2 323.28
12. 失业保险缴纳合计	14 062.21	24. 应缴纳社保金额	156 476.55

合计（大写）人民币壹拾伍万陆仟肆佰柒拾陆元伍角伍分

打印日期：2013. 12. 15　　　　社会保险经办机构（盖章）：广州市社会保险事业管理中心

补充资料：

1. 月末养老保险账户职工　　291 人　　　广州市社会保险事业基金

2. 月末养老保险缴费人数　　291 人　　　结算管理中心结算专用章

结算版本号：1　　　　　　　打印版本号：1

业务 24

中国工商银行
INDUSTRY AND COMMERCIAL BANK OF CHINA

结算业务（凭证）收费凭证（代缴费回单）

2013 年 12 月 15 日

户名（付款人）：广东佰平防盗锁具有限公司　　　　　　　　　　账号：09310066669

结算业务（凭证）种类和号码	单价	笔数（本）	工本费					邮电费					手续费					合计金额				
			百	十	元	角	分	百	十	元	角	分	百	十	元	角	分	百	十	元	角	分
·代发工资手续费																						
合　计																				1	3	1	1	0
备注	人民币（大写）：壹佰叁拾壹元壹角整																						
	银行盖章　　　　复核　　　　记账 刘雪莲																						

（工商银行广州五羊新城支行 2013.12.15 转讫 刘雪莲）

业务 25

广东佰平防盗锁具有限公司财产物资盘盈盘亏报告单

类别：存货　　　　　　　　　2013 年 12 月 17 日

名　称	规格	单位	单价（元）	账面数	清点数	盘　盈		盘　亏		备　注
						数量	金额	数量	金额（元）	
锌合金锁	212	把	37.50					24	900.00	两种锁材料费用分别为 28.21/28.99
不锈钢锁	219	把	42.90					36	1 544.44	
合　计										
分析原因：					审批意见：					

单位（盖章）　　　　　　　财务科负责人：　　　　　　　制表：郭开前

业务 26

广州市税务局

印花税票报销专用凭证　　　　　　　　　　　甲 No. 1195108

购买单位：广东佰平防盗锁具有限公司　　地址：广州市越秀区五羊新城寺右二马路 53 号　　2013 年 12 月 17 日

印花税票面值	单位	数量	税　额								备　注
			十万	千	百	十	元	角	分		
壹　角	枚										
贰　角	枚										
伍　角	枚										
壹　元	枚				3	0	0	0			
贰　元	枚	15			5	5	0	0	0		
伍　元	枚	110			4	0	0	0	0		
壹　拾　元	枚	40			4	0	0	0	0		
伍　拾　元	枚	8			5	0	0	0	0		
壹　百　元	枚	5		¥	1	8	8	0	0	0	
合计人民币（大写）壹仟捌佰捌拾元整											

经办单位　（广州市税务局越秀区分局第七分局印花税收讫）　　经办人：施敏

（第一联收据联）

业务 27

广东省国家税务局通用机打发票

发票代码：140203896284
发票号码：No 41020385

开票日期：2013 - 12 - 20　行业类别：商业

顾客名称：广东佰平防盗锁具有限公司				
地址：广州市越秀区五羊新城寺右二马路 53 号				
项目说明	单位	数量	单价	金额
商标纸	张	120 000	0.30	36 000.00

第一联存根联

（手写无效）

合计（大写）：人民币叁万陆仟元整　　　　　合计金额（小写）：￥36 000.00

开票人：冯玉珍　　收款人：李丽芬　　开票单位（盖章）：惠州印刷品厂

310007169421308

发票专用章

查验发票及查询发票防伪措施请登录广东省国家税务局网址 http：//portal. gd - n - tax/gov/cn

业务 28

广州电子缴税系统回单

扣款日期：20131215
清算日期：20131215

付款人名称：广东佰平防盗锁具有限公司
付款人账号：09310066669
付款人开户银行：中国工商银行广州分行五羊新城支行

收款人名称：广州地税越秀区征收分局
收款人账号：56270004013
收款人开户银行：国家金库越秀区支库

款项内容：代扣国（地）税款
小写金额：￥34 153.20
大写金额：人民币叁万肆仟壹佰伍拾叁元贰角
纳税人编码：440102751959929
纳税人名称：广东佰平防盗锁具有限公司

电子税票号：3201312129528763

税种	所属期	纳税金额	备注
教育费附加	20131101 - 20131130	￥8 538.30	
城市维护建设税	20131101 - 20131130	￥19 922.70	
地方教育费附加	20131101 - 20131130	￥5 692.20	

经办：　　　复核：　　　打印次数：1　　　打印日期：20131220

广州电子缴税系统回单

扣款日期：20131215
清算日期：20131215

付款人名称：广东佰平防盗锁具有限公司
付款人账号：09310066669
付款人开户银行：中国工商银行广州分行五羊新城支行

收款人名称：广州地税越秀区征收分局
收款人账号：56270004013
收款人开户银行：国家金库越秀区支库

款项内容：代扣国（地）税款
小写金额：￥6 806.70
大写金额：人民币陆仟捌佰零陆元柒角整
纳税人编码：440102751959929
纳税人名称：广东佰平防盗锁具有限公司

电子税票号：3201321217143476

（工商银行广州五羊新城支行 2013.12.15 转讫）

税种	所属期	纳税金额	备注
教育个人所得部	20131101－20131130	￥6 806.70	

经办： 复核： 打印次数：1 打印日期：20131220

业务 29

中国工商银行借方通知回单

日期：2013 年 12 月 21 日 凭证编号：

付款人	开户银行	工行五羊新城支行	收款人	开户银行	工行东山支行
	账　号	09310066669		账　号	80905300027
	名　称	广东佰平防盗锁具有限公司		名　称	广东省电信有限公司广州分公司
金额	人民币（大写）	壹万贰仟叁佰玖拾陆元陆角整			￥12 396.60
用途：电信话费				科目（借）：	
会计主管： 复核： 记账：				科目（贷）：	

（工商银行广州五羊新城支行 2013.12.21 转讫 (8)）

中国电信股份有限公司广东分公司收费专用发票

发 票 联

发票代码：244010841041

发票号码：24475403

客户名称：广东佰平防盗锁具有限公司　　　　流水号：13310892872

客户号码：87361887/87386865/31706989　　　计费周期：

开户银行：　　　　　　　　　　　　　　　　银行账号：

扣款日期：　　　　　　　　　　　　　　　2009 年 12 月 21 日填开

项目	金额（元）	项目	金额（元）	项目	金额（元）
本地话费	6818.13				
长途话费	5578.47				
合计金额（大写）	壹万贰仟叁佰玖拾陆元陆角整			收款单位（单位）：	

说明：本发票经收款单位盖章方为有效．

详细话费信息可查询客户服务中心（www.gd.ct10000.com）

业务 30

广州市建筑（安装）行业统一发票

发 票 联

No.033610

付款单位：广东佰平防盗锁具有限公司　　　　　　　　　　2013 年 12 月 21 日

工程编号及项目	收款内容	单位	数量	单价	金额							
					十万	千	百	十	元	角	分
	修理电梯					2	5	0	0	0	0
合计人民币（大写）	贰仟伍佰元整				¥	2	5	0	0	0	0
结算方式	支票	开工日期	2013 年 12 月 20 日		备注						
附列清单		竣工日期	2013 年 12 月 21 日								

国税证函 [06032] 号深发订 9000 万本新华 161466

第二联：发票联（付款方报销凭证）

企业（盖章有效）：　　　　　　　　财务：　　　　　　　　开单：蔡爽

地址：

业务 31

中国工商银行借方通知回单

日期：2013 年 12 月 22 日

凭证编号：

工商银行广州五羊新城支行
2013.12.22
转讫
（8）

付款人	开户银行	工行五羊新城支行		收款人	开户银行	工行东山支行
	账　号	09310066669			账　号	25404684329
	名　称	广东佰平防盗锁具有限公司			名　称	广东省自来水公司广州分公司

金额	人民币（大写）	柒仟贰佰肆拾贰元整	￥7 242.00

用途：水费	科目（借）：
会计主管：　　　复核：　　　记账：	科目（贷）：

国　税　　　　广东省广州市（区）自来水费发票

全国统一发票监制
广东
国家税务总局监制

发票联

发票代码：136040622101
发票号码：00562003

2013 年 12 月 21 日填开

用户名称	广东佰平防盗锁具有限公司					编号	
用水类型	本月指示数	用水量	单价	金额	排污费	滞纳金	金额
工业用水	20 136	2 414	1.90	4 586.60	2 655.40		7 242.00
合计金额（大写）	柒仟贰佰肆拾贰元整						
供水单位名称	广东省自来水公司广州分公司			纳税人识别号		360483778846576	

广东省自来水公司广州分公司
发票专用章
330483778846576

供水单位：（盖章）　　　　　　开票人：李强　　　　　　收款人：张兰

业务 32

中国工商银行借方通知回单

日期：2013 年 12 月 22 日   凭证编号：

付款人	开户银行	工行五羊新城支行	收款人	开户银行	工行东山支行
	账　号	09310066669		账　号	20300033483
	名　称	广东佰平防盗锁具有限公司		名　称	广东省供电公司广州分公司
金额	人民币（大写）	肆万伍仟叁佰捌拾陆元贰角整			¥45 386.20
用途：电费			科目（借）：		
会计主管：	复核：	记账：	科目（贷）：		

215097671

广东增值税专用发票
发票联

No. 00620078

2013.12.22

转讫

开票日期：2013 年 12 月 22 日
（8）

购货单位	名　　称：广东佰平防盗锁具有限公司	密码区	<4/59/27 < − *8545 *70 < >4　加密版：01
	纳税人识别码：440102751959929		614274 <04375 > > >03//24　215097671
	地址、电话：广州市越秀区五羊新城寺右二马路 53 号		*11/595 >156 >4/0891312　00620078
	开户行及账号：工商银行广州五羊新城支行 09310066669		< −7 +128 > >2 * −31899 > >16

货物或应税劳务名称	规格型号	单位度	数量	单价	金额	税率	税额
电费			32 326.35	1.20	38 791.62	17%	6 594.58
合　计					¥38 791.62		¥6 594.58

价税合计（大写）	⊗肆万伍仟叁佰捌拾陆元贰角整	（小写）¥45 386.20

销货单位	名　　称：广东省供电公司广州分公司	备注	
	纳税人识别码：310201446396011		广东省供电公司广州分公司
	地址、电话：广州市东山路 2167 号		310201446396011
	开户行及账号：工商银行广州市东山路支行 20300033483		发票专用章

收款人：欧复兴   复核：蒋开信   开票人：陈诉   销货单位（章）

国税函 [2013] 622 号海南华森实业有限公司

第二联：发票联 购货方记账凭证

业务 33

中国工商银行广州（267）计付利息清单（收款通知）

账号 09310066669 　　　　　　　　　　2013 年 12 月 22 日

单位名称	广东佰平防盗锁具有限公司	结算户	09310066669
计算起讫日期		2013/09/22 - 2013/12/21	
存款户账号	计息总积数	利率（月）	利 息 金 额
2670302257011	8 036 783.33	0.6‰	4 822.07

你单位上述存款利
息已收入你单位账户　　工商银行广州市分
　　此　致　　　　　　行业务章2013.12.22　　　　　　复核　　　记账
存款单位　　（银行盖章）

业务 34

中国银行广州（410）计付利息清单（收款通知）

账号 26208093001 　　　　　　　　　　2013 年 12 月 22 日

单位名称	广东佰平防盗锁具有限公司	结算户	26208093001
计算起讫日期		2013/09/22 - 2013/12/21	
存款户账号	计息总积数	利率（月）	利 息 金 额
4100681774501	1 923 600.00	0.6‰	1 154.16

你单位上述存款利
息已收入你单位账户　　中国银行广州市分
　　此　致　　　　　　行业务章2013.12.22　　　　　　复核　　　记账
存款单位　　（银行盖章）

业务 35

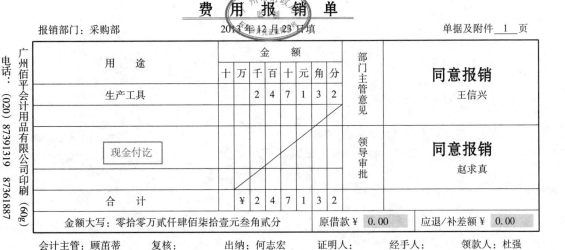

费　用　报　销　单

报销部门：采购部　　　　　2013 年 12 月 23 日填　　　　　单据及附件＿1＿页

用　途	金　额						部门主管意见	同意报销
	十万	千	百	十	元	角	分	
生产工具		2	4	7	1	3	2	王信兴
现金付讫								领导审批　同意报销　赵求真
合　计	¥	2	4	7	1	3	2	

广州佰平会计用品有限公司印刷（60g）
电话：（020）87391319　87361887

金额大写：零拾零万贰仟肆佰柒拾壹元叁角贰分　　　原借款 ¥ 0.00　　应退/补差额 ¥ 0.00

会计主管：顾苗蒂　　复核：　　出纳：何志宏　　证明人：　　经手人：　　领款人：杜强

广东省商品销售 发票联

180713605231

No 31165462

顾客名称

及地址：广东佰平防盗锁具有限公司

2013 年 12 月 23 日填发

品名规格	单位	数量	单价		金额						备注
					千	百	十	元	角	分	
A5 钻头	个	36	47.87	超过万元无效	1	7	2	3	3	2	
中号切割片	张	28	13.80			3	8	6	4	0	
K3 砂轮	个	8	24.2			1	9	3	6	0	
卡尺	把	20	8.40			1	6	8	0	0	
合 计 金 额 （大写）	人民币贰仟肆佰柒拾壹元叁角贰分			小写合计	2	4	7	1	3	2	

开票人：黄镓祥   收款人：赵开亮   业户名称（盖章）

（广州市人民百货公司 3100471384113365 发票专用章）

第二联：发票联（顾客报销凭证）

业务 36

永安保险股份有限公司

No. 0022591

YONGAN INSURANCE COMPANY LIMITED OF CHINA

保费收据 PREMIUM RECEIPT

2013 年 12 月 24 日

兹收到
Received from   广东佰平防盗锁具有限公司

保费金额（大写）
The sum of   叁仟壹佰陆拾肆元柒角捌分

系付保险单第   号批单第   号之保费
Being premium on the policy No.   Mv0034616   End. No.

最后付款日期
Last date of payment

第一联   客户作付款凭证

业务员 龙佳   复核 汤华   制单 袁振芬

永安保险股份有限公司
保费专用章

收款签章处

永安保险股份有限公司

No. 0022592

YONGAN INSURANCE COMPANY LIMITED OF CHINA

保费收据 PREMIUM RECEIPT

2013 年 12 月 24 日

兹收到

Received from　广东佰平防盗锁具有限公司

保费金额（大写）

The sum of　贰仟贰佰柒拾柒元整

系付保险单第　　　　　　　　号批单第　　　　　　　号之保费

Being premium on the policy No.　Zv0041396　End. No.

最后付款日期

Last date of payment

业务员　龙佳　　　复核　汤华　　　制单　袁振芬

永安保险股份有限公司
保费专用章

收款签章处

第一联　客户作付款凭证

永安保险股份有限公司

YOUGAN INSURANCE COMPANYLIMITED OF CHINA

财产保险单

PROPERTY INSURANCE POLICY

MV0034616

　　本公司根据被保险人的要求及其所交付约定的保险费，按本保单所载条款和附加条款以及所列项目承保财产保险，特立本保险单。

被保险人	广东佰平防盗锁具有限公司	
保险财产地址	广州市越秀区五羊新城寺右二马路 53 号	
保险期限	自 2011 年 01 月 01 日中午 12 时正起至 2011 年 04 月 01 日中午 12 时正止共 3 月	
保险及保险金额　　　固定资产原值	RMB5 728 100.00	
总保险金额　人民币伍佰柒拾贰万捌仟壹佰元整	RMB5 728 100.00	
保险费　人民币叁仟壹佰陆拾肆元柒角捌分　RMB3 164.78	年费率：按约定 2.21‰	
免赔额		
备注　　　固定资产剔除汽车：301 600.00 元		

日期　2013 年 12 月 24 日

永安保险股份有限公司
代理业务专用章

签单公司地址及电话广州市广州大道 2009 金桥大厦十五楼　TEL：020－62192331

永安保险股份有限公司
YOUGAN INSURANCE COMPANYLIMITED OFCHINA

龙佳

普通高等教育"十三五"规划教材·会计系列

永安保险股份有限公司
YOUGAN INSURANCE COMPANYLIMITED OF CHINA

财产保险单
PROPERTY INSURANCE POLICY

Zv0041396

　　本公司根据被保险人的要求及其所交付约定的保险费，按本保单所载条款和附加条款以及所列项目承保机动车辆保险，特立本保险单。

被保险人　　广东佰平防盗锁具有限公司	
保险财产地址　　广州市越秀区五羊新城寺右二马路 53 号	
保险期限　　自 2011 年 01 月 01 日中午 12 时正起至 2012 年 01 月 01 日中午 12 时正止共 12 月	
保险及保险金额 　　机动车辆原值　　RMB301 600.00	
总保险金额　人民币叁拾零万壹仟陆佰元整　　　　RMB301 600.00	
保险费　人民币贰仟贰佰柒拾柒元整　RMB2 277.00　　年费率：按约定 7.55‰	
免赔额	
备注	

永安保险股份有限公司
代理业务专用章

永安保险股份有限公司
YOUGAN INSURANCE COMPANYLIMITED OF CHINA

日期　2013 年 12 月 24 日
签单公司地址及电话广州市广州大道 2009 金桥大厦十五楼　　TEL：020－62192331
龙佳

业务 37

350500021

广东增值税专用发票
发票联

No. 17530741

开票日期：2013 年 12 月 27 日

购货单位	名　称：广东佰平防盗锁具有限公司 纳税人识别码：440102751959929 地址、电话：广州市越秀区五羊新城寺右二马路 53 号 开户行及账号：工商银行广州五羊新城支行 09310066669	密码区	<4/59/27 < - *8545 *70 <>4　加密版：01 614274 <04375 > >03//24　350500021 *11/595 >156 >4/0891312　17530741 < -7 +128 >2 * -31899 > >16

货物或应税劳务名称	规格型号	单位	数量	单价	金额	税率	税额
手磨机		把	10	170	1 700.00	17%	289.00
合　计					￥1 700.00		￥289.00

价税合计（大写）	⊗壹仟玖佰捌拾玖元整	（小写）￥1 989.00

销货单位	名　称：强力成套设备公司 纳税人识别码：310419400831171 地址、电话：广州市沙塘路 8 号 65430771 开户行及账号：工行广州市沙塘支行 54901130067	备注	强力成套设备公司 310419400831171 发票专用章

收款人：王开达　　　复核：张旭光　　　开票：李青　　　销货单位（章）

国税函〔2013〕622 号海南华森实业有限公司

第二联：发票联 购货方记账凭证

业务 38

中国工商银行广州市（267）
邮、电、手续费收费凭证（付出传票）　④

2013 年 12 月 29 日

缴款单位名称： 广东佰平防盗锁具有限公司												账号： 09310066669						信汇笔数			电汇笔数		
																		异地托收信用证　　笔数（邮/电）					

邮费金额				电费金额				手续费金额				合计金额						中国工商银行广州市分行 五羊新城支行业务章2013.12.29					
百	十	元	角	分	百	十	元	角	分	百	十	元	角	分	千	百	十	元	角	分		
		6	0	0						2	7	2	2	5		¥	2	7	8	2	5	收款银行盖章 年　月　日

合计金额	人民币贰佰柒拾捌元贰角伍分

业务 39

广东佰平防盗锁具有限公司财产物资盘盈盘亏报告单

类别：存货　　　　　　　　　　2013 年 12 月 17 日

名　称	规格	单位	单价	账面数	清点数	盘　盈		盘　亏		备　注
						数量	金额	数量	金额	
锌合金锁	212	把	37.50					24	900.00	锌合金锁/不锈钢
不锈钢锁	219	把	42.90					36	1 544.44	锁材料费分别为
合　计									2 444.44	28.21/28.99

分析原因： 广东佰平 防盗锁具 有限公司 财务专用章	审批意见： 批准转入管理费用。 　　　　生产副厂长　赵求真 　　　　2013 年 12 月 30 日
单位（盖章）：	财务科负责人：　　　　　　　　　制表：

业务 40

350500984

广东增值税专用发票

No. 98000250

开票日期：2013 年 12 月 30 日

<table>
<tr><td rowspan="4">购货单位</td><td>名　　　　称：广东佰平防盗锁具有限公司</td><td rowspan="4">密码区</td><td><4/59/27 < − ∗8545 ∗70 < > 4
加密版：01</td></tr>
<tr><td>纳税人识别码：440102751959929</td><td>614274 <04375 > > >03//24　350500984</td></tr>
<tr><td>地 址 、电 话：广州市越秀区五羊新城寺右二马路 53 号</td><td>∗11/595 >156 >4/0891312　98000250</td></tr>
<tr><td>开户行及账号：工商银行广州五羊新城支行09310066669</td><td>< −7 +128 > >2 ∗ −31899 > >16</td></tr>
</table>

<table>
<tr><th>货物或应税劳务名称</th><th>规格型号</th><th>单位</th><th>数量</th><th>单价</th><th>金额</th><th>税率</th><th>税额</th></tr>
<tr><td>数控机床</td><td>DLL</td><td>台</td><td>1</td><td>42 000.00</td><td>42 000.00</td><td>17%</td><td>7 140.00</td></tr>
<tr><td>合　　计</td><td></td><td></td><td></td><td></td><td>￥42 000.00</td><td></td><td>￥7 140.00</td></tr>
<tr><td>价税合计（大写）</td><td colspan="4">⊗肆万玖仟壹佰肆拾元整</td><td colspan="3">（小写）￥49 140.00</td></tr>
</table>

<table>
<tr><td rowspan="4">销货单位</td><td>名　　　　称：天河机电公司</td><td rowspan="4">备注</td><td rowspan="4">天河机电公司
310007169480132
发票专用章</td></tr>
<tr><td>纳税人识别码：310007169480132</td></tr>
<tr><td>地 址 、电 话：广州市天河城四楼 65274011</td></tr>
<tr><td>开户行及账号：工行广州市天河支行 15500461139</td></tr>
</table>

收款人：陈开　　　　复核：张匆　　　　开票人：刘志达　　　　销货单位（章）

国税函 [2013] 622 号海南华森实业有限公司

第二联：发票联 购货方记账凭证

固定资产验收交接单

保管使用单位：基本生产车间　　　　2013 年 12 月 30 日

<table>
<tr><th>固定资产名称</th><th>型号规格</th><th>计量单位</th><th>数量</th><th>金额</th><th>供应单位</th></tr>
<tr><td>数控机床</td><td>DLL</td><td>台</td><td>1</td><td>42 000.00</td><td>天河机电公司</td></tr>
<tr><td>购买日期</td><td>12 月 30 日</td><td>所属类别</td><td>基本生产设备</td><td>可使用年限</td><td>15 年</td></tr>
<tr><td>固定资产管理部门意见</td><td colspan="5">同意接收，交基本生产车间使用。罗变 12 月 30 日</td></tr>
<tr><td>财会部门参加验收意见</td><td colspan="3">同意接收。顾苗蒂 12 月 30 日</td><td colspan="2">使用单位验收签证：杜强</td></tr>
</table>

业务 41

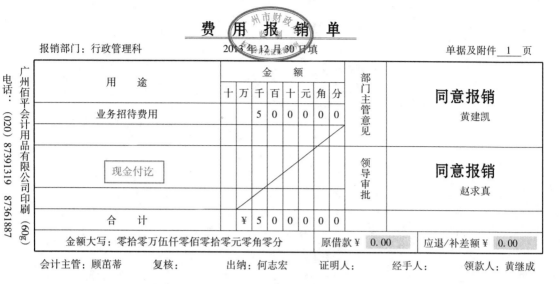

费 用 报 销 单

报销部门：行政管理科　　　2013 年 12 月 30 日填　　　　单据及附件 __1__ 页

用　　途	金　额							部门主管意见	同意报销
	十万	千	百	十	元	角	分		
业务招待费用		5	0	0	0	0	0		黄建凯
现金付讫								领导审批	同意报销
									赵求真
合　　计	¥	5	0	0	0	0	0		

金额大写：零拾零万伍仟零佰零拾零元零角零分　　　原借款 ¥　0.00　　　应退/补差额 ¥　0.00

会计主管：顾苗蒂　　复核：　　　出纳：何志宏　　证明人：　　　经手人：　　　领款人：黄继成

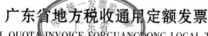

广东省地方税收通用定额发票
CENERAL QUOTA INVOICE FORGUANGDONG LOCAL TAXATION

发 票 联
INVOICE

发票代码　244000800441
CODE

发票号码　07324749
No.

伍仟圆

开票日期：2013 年 12 月 30 日
DATE　　Y　　M　　D

收款单位（盖章）
310007169480132 PAYEE（SEAL）
发票专用章

电话：(020) 87391319 87361887

广州佰平会计用品有限公司印刷 (60g)

珠海红山票证印刷有限公司印制 SCD080215017

业务 42

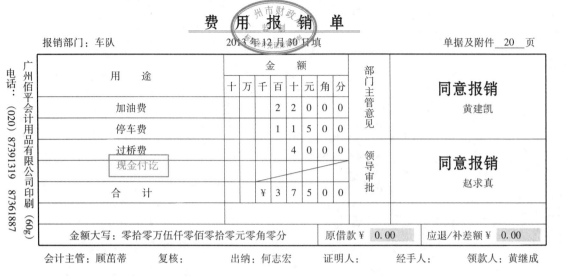

费 用 报 销 单

报销部门：车队　　　　　　2013 年 12 月 30 日填　　　　　　单据及附件 20 页

用　途	金　额								部门主管意见	同意报销
	十万	千	百	十	元	角	分			黄建凯
加油费			2	2	0	0	0			
停车费			1	1	5	0	0			
过桥费				4	0	0	0		领导审批	同意报销
现金付讫										赵求真
合　计		¥	3	7	5	0	0			

金额大写：零拾零万伍仟零佰零拾零元零角零分　　　原借款 ¥ 0.00　　　应退/补差额 ¥ 0.00

会计主管：顾苗蒂　　复核：　　出纳：何志宏　　证明人：　　经手人：　　领款人：黄继成

电话：(020) 87391319　87361887

广州佰平会计用品有限公司印刷 (60g)

广东省国家税务局通用机打发票

发票代码：140203896284

发票号码：No 41020385

开票日期：2013 - 12 - 30　行业类别：商业

顾客名称：广东佰平防盗锁具有限公司
地址：广州市越秀区五羊新城寺右二马路 53 号

项目说明	单位	数量	单价	金额
93 号汽油	升	29.333	7.50	220.00

合计（大写）：人民币：⊗贰佰贰拾元整　　　　　　合计金额（小写）：¥220

开票人：冯玉珍　　收款人：李丽芬　　开票单位（盖章）：惠州印刷品厂

310007169421308

发票专用章

查验发票及查询发票防伪措施请登录广东省国家税务局网址 http://portal. gd - ntax. gov. cn

第一联存根联

（手写无效）

广东省地方税务局通用机打发票

广东开阳高速公路有限公司通行费发票

发 票 联

开自：07837331

发票代码：244071173311

发票号码：10897181

入口：0403　　出口：2023　　时间13/12/30

　　　　　　　　　　　　　　10：22：21

车型：客1　限重_____　车重：_____

收费员20663　　金额：40元

广东省地方税收通用定额发票

GENERAL QUOTA INVOICE FOR GUANGDONG LOCAL TAXATION

发 票 联

发票代码：244001100411

发票号码：75813711

付款方名称：

PAYER

经营项目：

ITEM

开票日期：20　年　月　日

DATE ISSUED　Y　M　D

收款方发票专用章

PAYEE（SEAL）

业务 43

费 用 报 销 单

报销部门：车队　　　　　2013 年 12 月 31 日填　　　　　单据及附件_____页

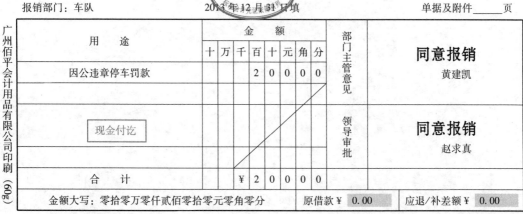

用　途	金　额							部门主管意见	同意报销
	十万	千	百	十	元	角	分		黄建凯
因公违章停车罚款			2	0	0	0	0	领导审批	同意报销
现金付讫									赵求真
合　计	¥		2	0	0	0	0		

金额大写：零拾零万零仟贰佰零拾零元零角零分　　　原借款 ¥ 0.00　　　应退/补差额 ¥ 0.00

会计主管：顾苗蒂　　复核：　　　出纳：何志宏　　证明人：　　经手人：　　领款人：黄继成

电话：(020) 87391319　87361887

广州佰平会计用品有限公司印刷 (60g)

广东省非税收入（电子）票据

市级

C1222239 7 3

财政

行政区划：广州市（440100）
文书编号：4401021503408930
缴款单位（人）：陆宇
执收单位编码：182019001　　执收单位名称：广州市公安局交通警察支队
收入项目编码　　　　　　　收入项目名称　　　　　　金额
3145　　　　　　　　　　　交通违法罚款　　　　　　200
合计人民币（大写）：人民币贰佰元整　　　合计（小写）：200.00
备注
校验码：7149
代收银行：中国邮政储蓄解行广州市海珠支行
收款人：4450773（流水号：33718829）（柜台）　　2013 年 12 月 22 日 17：04：05 业务专用章

第二联 交缴款人

2013.12.22
（3）

开票单位（盖章）：　　　　　　　　　　　　　　　　　广东省财政厅印制

业务 45、业务 46

领 料 单

No. 0488449

领料部门　基本生产车间　　　　　　2013 年 12 月 01 日　　　　　发料仓库　材料仓库

材料类别	名称及规格	计量单位	数量 请领	数量 实领	用途
主要材料	铜材	吨	7	7	锌合金 212 锁
	铜材	吨	7.5	7.5	不锈钢 219 锁
	铜材	吨	9	9	钢 222 锁
	铜材	吨	6.5	6.5	汽车 2013 锁
	铜材	吨	5	5	铁 271 锁
合　计		吨	35	35	

记账联

仓库主管：徐礼　　　发料人：徐礼　　　领料部门主管：李永树　　　领料人：周长爱

领 料 单

No. 0488450

领料部门　基本生产车间　　　　　　2013 年 12 月 01 日　　　　　发料仓库　材料仓库

材料类别	名称及规格	计量单位	数量 请领	数量 实领	用途
主要材料	钢材	吨	14	14	钢 222 锁
合　计		吨	14	14	

记账联

仓库主管：徐礼　　　发料人：徐礼　　　领料部门主管：曾文　　　领料人：罗伟坤

领 料 单

No. 0488451

领料部门　基本生产车间　　　　　　　　2013 年 12 月 01 日　　　　　　　发料仓库　材料仓库

材料类别	名称及规格	计量单位	数量		用　途
			请领	实领	
主要材料	不锈钢	吨	25	25	不锈钢 219 锁
	不锈钢	吨	5	5	汽车 2013 锁
合　　计		吨	30	30	

记账联

仓库主管：徐礼　　　　发料人：徐礼　　　　领料部门主管：曾文　　　　领料人：陈义坤

领 料 单

No. 0488452

领料部门　基本生产车间　　　　　　　　2013 年 12 月 01 日　　　　　　　发料仓库　材料仓库

材料类别	名称及规格	计量单位	数量		用　途
			请领	实领	
主要材料	锌合金	吨	12	12	锌合金 212 锁
	锌合金	吨	0.5	0.5	不锈钢 219 锁
	锌合金	吨	0.5	0.5	钢 222 锁
	锌合金	吨	10.5	10.5	汽车 2013 锁
	锌合金	吨	0.5	0.5	铁 271 锁
合　　计		吨	24	24	

记账联

仓库主管：徐礼　　　　发料人：徐礼　　　　领料部门主管：廖勇强　　　　领料人：李增伟

领 料 单

No. 0488453

领料部门　基本生产车间　　　　　　　　2013 年 12 月 01 日　　　　　　　发料仓库　材料仓库

材料类别	名称及规格	计量单位	数量		用　途
			请领	实领	
主要材料	铁材	吨	14	14	锌合金 212 锁
	铁材	吨	3.5	3.5	钢 222 锁
	铁材	吨	2.5	2.5	铁 271 锁
合　　计		吨	20	20	

记账联

仓库主管：徐礼　　　　发料人：徐礼　　　　领料部门主管：韦仲伦　　　　领料人：李秋英

领 料 单

No. 0488454

领料部门 基本生产车间   2013 年 12 月 01 日   发料仓库 材料仓库

材料类别	名称及规格	计量单位	数 量		用 途	
			请领	实领		
辅助材料	弹簧	根	80 000	80 000	锌合金 212 锁	记账联
	弹簧	根	65 000	65 000	不锈钢 219 锁	
	弹簧	根	120 000	120 000	钢 222 锁	
	弹簧	根	55 000	55 000	汽车 2013 锁	
	弹簧	根	60 000	60 000	铁 271 锁	
合 计		根	380 000	380 000		

仓库主管：徐礼   发料人：徐礼   领料部门主管：黄金凤   领料人：陆国任

领 料 单

No. 0488455

领料部门 基本生产车间   2013 年 12 月 01 日   发料仓库 材料仓库

材料类别	名称及规格	计量单位	数 量		用 途	
			请领	实领		
辅助材料	锁利	粒	220 000	220 000	锌合金 212 锁	记账联
	锁利	粒	200 000	200 000	不锈钢 219 锁	
	锁利	粒	300 000	300 000	钢 222 锁	
	锁利	粒	200 000	200 000	汽车 2013 锁	
	锁利	粒	180 000	180 000	铁 271 锁	
合 计		粒	1 100 000	1 100 000		

仓库主管：徐礼   发料人：徐礼   领料部门主管：黄金凤   领料人：陆国任

领 料 单

No. 0488456

领料部门 基本生产车间   2013 年 12 月 01 日   发料仓库 材料仓库

材料类别	名称及规格	计量单位	数 量		用 途	
			请领	实领		
辅助材料	胶管	条	6 000	6 000	锌合金 212 锁	记账联
	胶管	条	6 000	6 000	不锈钢 219 锁	
	胶管	条	5 500	5 500	钢 222 锁	
	胶管	条	6 500	6 500	汽车 2013 锁	
合 计		条	24 000	24 000		

仓库主管：徐礼   发料人：徐礼   领料部门主管：黄金凤   领料人：陆国任

领 料 单

No. 0488457

领料部门 <u>基本生产车间</u>　　　　　2013 年 12 月 01 日　　　　　发料仓库 <u>材料仓库</u>

材料类别	名称及规格	计量单位	数　量		用　途	
			请领	实领		
辅助材料	纸板	块	21 000	21 000	锌合金 212 锁	记账联
	纸板	块	19 000	19 000	不锈钢 219 锁	
	纸板	块	23 000	23 000	钢 222 锁	
	纸板	块	19 000	19 000	汽车 2013 锁	
	纸板	块	18 000	18 000	铁 271 锁	
合　计		块	100 000	100 000		

仓库主管：徐礼　　　发料人：徐礼　　　领料部门主管：黄金凤　　　领料人：陆国任

领 料 单

No. 0488458

领料部门 <u>基本生产车间</u>　　　　　2013 年 12 月 01 日　　　　　发料仓库 <u>材料仓库</u>

材料类别	名称及规格	计量单位	数　量		用　途	
			请领	实领		
辅助材料	吸塑壳	个	21 000	21 000	锌合金 212 锁	记账联
	吸塑壳	个	19 000	19 000	不锈钢 219 锁	
	吸塑壳	个	23 000	23 000	钢 222 锁	
	吸塑壳	个	19 000	19 000	汽车 2013 锁	
	吸塑壳	个	18 000	18 000	铁 271 锁	
合　计		个	100 000	100 000		

仓库主管：徐礼　　　发料人：徐礼　　　领料部门主管：黄金凤　　　领料人：陆国任

领 料 单

No. 0488459

领料部门 <u>钥匙车间</u>　　　　　2013 年 12 月 01 日　　　　　发料仓库 <u>材料仓库</u>

材料类别	名称及规格	计量单位	数　量		用　途	
			请领	实领		
辅助材料	钥匙圈	个	21 000	21 000	锌合金 212 锁	记账联
	钥匙圈	个	19 000	19 000	不锈钢 219 锁	
	钥匙圈	个	23 000	23 000	钢 222 锁	
	钥匙圈	个	19 000	19 000	汽车 2013 锁	
	钥匙圈	个	18 000	18 000	铁 271 锁	
合　计		个	100 000	100 000		

仓库主管：徐礼　　　发料人：徐礼　　　领料部门主管：韦向伦　　　领料人：李秋萍

领 料 单

No. 0488460

领料部门 __总装车间__   2013 年 12 月 01 日   发料仓库 __材料仓库__

材料类别	名称及规格	计量单位	数 量		用 途
			请领	实领	
辅助材料	商标纸	张	21 000	21 000	锌合金 212 锁
	商标纸	张	19 000	19 000	不锈钢 219 锁
	商标纸	张	23 000	23 000	钢 222 锁
	商标纸	张	19 000	19 000	汽车 2013 锁
	商标纸	张	18 000	18 000	铁 271 锁
合 计		张	100 000	100 000	

记账联

仓库主管：徐礼   发料人：徐礼   领料部门主管：黄金凤   领料人：陆国任

领 料 单

No. 0024215

领料部门 __总装车间__   2013 年 12 月 05 日   发料仓库 __周转材料仓库__

材料类别	名称及规格	计量单位	数 量		用 途
			请领	实领	
包装物	纸箱	个	2 500	2 100	锌合金 212 锁
	纸箱	个	2 500	1 900	不锈钢 219 锁
	纸箱	个	2 500	2 300	钢 222 锁
	纸箱	个	2 500	1 900	汽车 2013 锁
	纸箱	个	2 500	1 800	铁 271 锁
合 计		个	12 500	10 000	

记账联

仓库主管：陆嘉良   发料人：陆嘉良   领料部门主管：黄金凤   领料人：陆国任

领 料 单

No. 0005282

领料部门 __基本生产车间__   2013 年 12 月 05 日   发料仓库 __周转材料仓库__

材料类别	名称及规格	计量单位	数 量		用 途
			请领	实领	
低值易耗品	切割机	台	2	2	生产产品
	手摩机	台	8	8	生产产品
	手电钻	台	6	6	生产产品
合 计		台	16	16	

记账联

仓库主管：陆嘉良   发料人：陆嘉良   领料部门主管：李永树   领料人：周长爱

领 料 单

No. 0005284

领料部门　基本生产车间　　　　　　　2013 年 12 月 05 日　　　　　　　发料仓库　周转材料仓库

材料类别	名称及规格	计量单位	数量		用　途
			请领	实领	
低值易耗品	扳手	把	20	20	生产产品
	钳子	把	40	40	生产产品
	螺丝刀	把	30	30	生产产品
合　　计		把	90	90	

记账联

仓库主管：陆嘉良　　　　发料人：陆嘉良　　　　领料部门主管：曾文　　　　领料人：陈义坤

业务 47、业务 48

工资结算汇总表

2013 年 12 月

单位：元

部门		基本工资	岗位工资	本月奖金	扣出勤款	扣废品款	应付工资
基本生产车间	212 锁	28 161.10	35 945.34	10 350.00	1 585.87	475.75	76 518.06
	219 锁	24 487.94	31 256.81	9 000.00	1 379.02	413.71	66 537.48
	222 锁	26 936.73	34 382.49	9 900.00	1 516.92	455.08	73 191.22
	2013 锁	22 039.17	28 131.13	8 100.00	1 241.11	372.34	59 883.75
	271 锁	20 814.75	26 568.29	7 650.00	1 172.16	351.65	56 556.85
	管理人员	12 734.25	14 389.71	5 000.00	0	0	32 123.96
	小计	135 173.94	170 673.77	50 000.00	6 895.08	2 068.53	364 811.32
机修车间		2 509.60	2 835.85	1 200.00			6 545.45
销售科		10 038.40	18 069.12	4 000.00			32 107.52
行政管理部门		27 384.07	30 944.00	6 100.00			64 428.07
合计		175 106.01	222 522.74	61 300.00	6 895.08	2 068.53	467 892.36

部门		代扣款项					实发金额
		养老保险	医疗保险	失业保险	所得税	合计	
基本生产车间	生产工人	24 385.10	5 732.01	3 459.77	2 355.84	35 932.72	296 754.64
	管理人员	2 488.70	622.17	311.09	288.80	3 710.76	28 413.20
	小计	26 873.80	6 354.18	3 770.86	2 644.64	39 643.48	325 167.84
机修车间		507.10	126.77	63.39	49.04	746.30	5 799.15
销售科		2 487.43	621.86	310.93	240.56	3 660.78	28 446.74
行政管理部门		4 991.37	1 247.84	623.92	724.08	7 587.21	56 840.86
合计		34 859.70	8 350.65	4 769.10	3 658.32	51 637.77	416 254.59

业务 49

单位社保、经费计算表

2013 年 12 月

单位：元

部门		养老保险费	医疗保险费	失业保险费	生育保险费	工伤保险费	教育经费	合计
基本生产车间	212 锁	8 976.09	5 977.93	1 494.48	523.07	373.62	1 809.04	19 154.23
	219 锁	7 805.29	5 198.20	1 299.55	454.84	324.89	1 573.08	16 655.85
	222 锁	8 585.82	5 718.02	1 429.51	500.32	357.37	1 730.39	18 321.43
	2013 锁	7 024.77	4 678.38	1 169.59	409.36	292.40	1 415.76	14 990.26
	271 锁	6 634.50	4 418.47	1 104.62	386.61	276.15	1 337.12	14 157.47
	管理人员	4 109.42	2 739.62	684.90	239.71	171.21	829.07	8 773.93
	小计	43 135.89	28 730.62	7 182.65	2 513.91	1 795.64	8 694.46	92 053.17
机修车间		797.35	531.57	132.89	46.51	33.22	160.87	1 702.41
销售科		3 194.97	2 129.98	532.50	186.37	133.12	644.58	6 821.52
行政管理部门		8 440.89	5 653.91	1 413.47	494.74	353.40	1 710.97	18 067.38
合计		55 569.10	37 046.08	9 261.51	3 241.53	2 315.38	11 210.88	118 644.48

业务 52

入 库 单

No. 00024001

收货部门　产成品仓库

2013 年 12 月 05 日

产品		单位	数量	单价	成本总额								说明
编号	名称及规格				十万	千	百	十	元	角	分		
	锌合金 212 锁	把	4 000										
	不锈钢 219 锁	把	3 000										
	钢 222 锁	把	5 000										
	汽车 2013 锁	把	3 500										
	铁 271 锁	把	3 000										
合　计			18 500										

部门主管　　会计　　记账　　保管　　验收　陆小玲　　制单　陆国任

第三联　记账联

入 库 单

No. 00024002

收货部门　产成品仓库

2013 年 12 月 10 日

产品		单位	数量	单价	成本总额								说明
编号	名称及规格				十	万	千	百	十	元	角	分	
	锌合金 212 锁	把	4 000										
	不锈钢 219 锁	把	3 000										
	钢 222 锁	把	5 000										
	汽车 2013 锁	把	3 500										
	铁 271 锁	把	3 000										
合　　计			18 500										

部门主管　　　会计　　　记账　　　保管　　　验收　陆小玲　　　制单　陆国任

第三联　记账联

入 库 单

No. 00024003

收货部门　产成品仓库

2013 年 12 月 15 日

产品		单位	数量	单价	成本总额								说明
编号	名称及规格				十	万	千	百	十	元	角	分	
	锌合金 212 锁	把	4 000										
	不锈钢 219 锁	把	3 000										
	钢 222 锁	把	5 000										
	汽车 2013 锁	把	3 500										
	铁 271 锁	把	3 000										
合　　计			18 500										

部门主管　　　会计　　　记账　　　保管　　　验收　陆小玲　　　制单　陆国任

第三联　记账联

入 库 单

No. 00024004

收货部门　产成品仓库

2013 年 12 月 20 日

产品		单位	数量	单价	成本总额								说明
编号	名称及规格				十	万	千	百	十	元	角	分	
	锌合金 212 锁	把	4 000										
	不锈钢 219 锁	把	3 000										
	钢 222 锁	把	5 000										
	汽车 2013 锁	把	3 500										
	铁 271 锁	把	3 000										
合　　计			18 500										

部门主管　　　会计　　　记账　　　保管　　　验收　陆小玲　　　制单　陆国任

第三联　记账联

入 库 单

No. 00024005

收货部门　产成品仓库　　　　　　　　　　　　　　　　　　　　　2013 年 12 月 25 日

产品		单位	数量	单价	成本总额								说明
编号	名称及规格				十	万	千	百	十	元	角	分	
	锌合金 212 锁	把	4 000										
	不锈钢 219 锁	把	3 000										
	钢 222 锁	把	5 000										
	汽车 2013 锁	把	3 500										
	铁 271 锁	把	3 000										
合　　计			18 500										

部门主管　　　会计　　　记账　　　保管　　　　验收 陆小玲　　　　制单 陆国任

第三联　记账联

入 库 单

No. 00024006

收货部门　产成品仓库　　　　　　　　　　　　　　　　　　　　　2013 年 12 月 31 日

产品		单位	数量	单价	成本总额								说明
编号	名称及规格				十	万	千	百	十	元	角	分	
	锌合金 212 锁	把	5 000										
	不锈钢 219 锁	把	4 000										
	钢 222 锁	把	5 000										
	汽车 2013 锁	把	3 500										
	铁 271 锁	把	3 000										
合　　计			20 500										

部门主管　　　会计　　　记账　　　保管　　　　验收 陆小玲　　　　制单 陆国任

第三联　记账联

锌合金 212 锁期末在产品定额成本计算表

2013 年 12 月　　　　　　　　　　　　　　　　　　　金额单位：元

成本项目	数量	单位定额成本	定额成本合计
主要材料	—	—	64 756.70
辅助材料	—	—	1 917.73
工资福利费	—	—	4 031.10
制造费用	—	—	2 140.09
合　　计	—	—	72 845.62

不锈钢 219 锁期末在产品定额成本计算表

2013 年 12 月　　　　　　　　　　　　　　　金额单位：元

成本项目	数量	单位定额成本	定额成本合计
主要材料	—	—	56 550.26
辅助材料	—	—	1 263.53
工资福利费	—	—	3 766.84
制造费用	—	—	2 000.00
合　　计	—	—	63 580.63

钢 222 锁期末在产品定额成本计算表

2013 年 12 月　　　　　　　　　　　　　　　金额单位：元

成本项目	数量	单位定额成本	定额成本合计
主要材料	—	—	46 392.71
辅助材料	—	—	2 033.48
工资福利费	—	—	3 741.72
制造费用	—	—	1 986.71
合　　计	—	—	54 154.62

汽车 2013 锁期末在产品定额成本计算表

2013 年 12 月　　　　　　　　　　　　　　　金额单位：元

成本项目	数量	单位定额成本	定额成本合计
主要材料	—	—	63 043.88
辅助材料	—	—	1 581.22
工资福利费	—	—	4 139.20
制造费用	—	—	2 197.55
合　　计	—	—	70 961.85

铁 271 锁期末在产品定额成本计算表

2013 年 12 月　　　　　　　　　　　　　　　金额单位：元

成本项目	数量	单位定额成本	定额成本合计
主要材料	—	—	26 871.94
辅助材料	—	—	991.40
工资福利费	—	—	3 347.00
制造费用	—	—	1 777.34
合　　计	—	—	32 987.68

业务 53

出 库 单
EXCEED STORAGE BILL

No. 0505875

提货部门
Pickup goods 广东佰平百货公司

2013 年 12 月 01 日

产品 *Manufacture*		单位	数 量	单价	成本总额 Costing Amount								
编号 NO	名称及规格 *Appellation Norms*	*Unit*	*Quantity*	*Unit Price*	佰	拾	万	仟	佰	拾	元	角	分
	锌合金 212 锁	把	4 000										
	钢 222 锁	把	4 000										
	汽车 2013 锁	把	4 000										
	不锈钢 219 锁	把	4 000										
	铁 271 锁	把	4 000										
合　计			20 000										

第三联：记账

发票号码：01827566　　　　　　审核：王信兴　　　　　　仓管：陆少玲

出 库 单
EXCEED STORAGE BILL

No. 0505876

提货部门
Pickup goods 东莞百货公司

2013 年 12 月 02 日

产品 *Manufacture*		单位	数 量	单价	成本总额 Costing Amount								
编号 NO	名称及规格 *Appellation Norms*	*Unit*	*Quantity*	*Unit Price*	佰	拾	万	仟	佰	拾	元	角	分
	不锈钢 219 锁	把	5 000										
	钢 222 锁	把	8 000										
合　计			13 000										

第三联：记账

发票号码：01827567　　　　　　审核：王信兴　　　　　　仓管：陆少玲

出 库 单
EXCEED STORAGE BILL

No. 0505878

提货部门
Pickup goods 南方百货公司

2013 年 12 月 09 日

产品 *Manufacture*		单位	数 量	单价	成本总额 Costing Amount								
编号 NO	名称及规格 *Appellation Norms*	*Unit*	*Quantity*	*Unit Price*	佰	拾	万	仟	佰	拾	元	角	分
	汽车 2013 锁	把	5 000										
	钢 222 锁	把	8 000										
	铁 271 锁	把	5 000										
	锌合金 212 锁	把	8 000										
合　计			26 000										

第三联：记账

发票号码：01827569　　　　　　审核：王信兴　　　　　　仓管：陆少玲

六、编制及分析年度会计报表的有关资料

本部分提供的资料主要包括利润表各项目 1 ~ 11 月份的累计发生额，资产负债表各项目的年初数（已填入资产负债表的"年初数"栏内），以及现金流量表各项目 1 ~ 11 月累计发生额。除此之外，还应根据 12 月份发生的经济业务作相应的账务处理。

（一）现金流量表各项目 1 – 11 月累计发生额

现金流量表台账

账页名称：经营活动现金流入

2013 年		凭证号码	摘　要	金　额	明细项目		
月	日				销售商品、提供劳务收到的现金	收到的税费返还	收到的其他与经营活动有关的现金
11	30		本年累计	27 249 014.94	26 656 685.20		592 329.74

现金流量表台账

账页名称：经营活动现金流出

| 2013 年 | | 凭证号码 | 摘　要 | 金　额 | 明细项目 | | | |
月	日				购买商品、接受劳务支付的现金	支付给职工以及为职工支付的现金	支付的各项税费	支付的其他与经营活动有关的现金
11	30		本年累计	27 038 106.08	15 461 912.92	5 387 349.47	3 387 718.86	2 801 124.83

现金流量表台账

账页名称：投资活动现金流入

2013 年		凭证号码	摘　要	金　额	明细项目			
月	日				收回投资收到的现金	取得投资收益收到的现金	处置固定资产等资产收到的现金	收到其他与投资活动有关的现金
11	30		本年累计	1 871 546.27	1 719 537.27	132 000.00	20 009.00	

现金流量表台账

账页名称：投资活动现金流出

2013 年		凭证号码	摘　要	金　额	明细项目		
月	日				购建固定资产等资产所支付的现金	投资支付的现金	支付的其他与投资活动有关的现金
11	30		本年累计	1 656 248.50	286 248.50	1 370 000.00	

现金流量表台账

账页名称：筹资活动现金流入

2013 年		凭证号码	摘　要	金　额	明细项目		
月	日				吸收投资所收到的现金	借款收到的现金	收到的其他与筹资活动有关的现金
11	30		本年累计	700 000.00		700 000.00	

现金流量表台账

账页名称：筹资活动现金流出

2013 年		凭证号码	摘　要	金　额	明细项目		
月	日				偿还债务支付的现金	分配股利、利润或偿付利息支付的现金	支付的其他与筹资活动有关的现金
11	30		本年累计	1 005 505.47	700 000.00	305 505.47	

编制现金流量表补充资料及附注计算表

1. 将净利润调节为经营活动的现金流量：	1－11 月	12 月	全年
净利润	1 550 705.16		
加：资产减值准备	0		
固定资产折旧、油气资产折耗、生产性生物资产折旧	411 309.05		
无形资产摊销			
长期待摊费用摊销			
处置固定资产、无形资产和其他长期资产的损失（减：收益）	－4 267.85		
固定资产报废损失（减：收益）	－3 079.68		
公允价值变动损失（减：收益）			
财务费用（减：收益）	483 766.32		
投资损失（减：收益）	－386 211.13		
递延所得税资产减少（减：增加）			
递延所得税负债增加（减：减少）			
存货的减少（减：增加）	－944 431.55		
经营性应收项目的减少（减：增加）	－833 303.90		
经营性应付项目的增加（减：减少）	－63 577.64		
其他			
经营活动产生的现金流量净额	210 908.86		
2. 不涉及现金收支的投资和筹资活动			
债务转为资本			
一年内到期的可转换公司债券			
融资租入固定资产			

（二）利润表各项目 1－11 月累计发生额

企业月度会计报表
利 润 表

会企 02 表

编制单位：　　　　　　　　　2013 年 11 月　　　　　　　　金额单位：元

项　目	行次	本年累计数	上年累计数
一、营业收入	1	37 181 062.18	32 076 151.49
减：营业成本	4	27 879 391.48	23 646 521.08
营业税金及附加	5	494 161.00	421 693.47
销售费用	7	1 929 191.14	1 683 793.56
管理费用	8	4 529 484.47	3 961 027.31
财务费用	9	483 766.32	425 608.54
资产减值损失	10		
加：公允价值变动收益（损失以"－"号表示）	13		
投资收益（损失以"－"号表示）	14	195 479.39	163 571.55
其中：对联营企业和合营企业的投资收益	15		
二、营业利润（亏损以"－"号表示）	18	2 060 547.16	2 101 079.08
加：营业外收入	19	8 957.12	4 791.52
减：营业外支出	21		12 306.78
其中：非流动资产处置损失	22		
三、利润总额（损失以"－"号表示）	25	2 069 504.28	2 093 563.82
减：所得税费用	26	518 799.12	523 390.96
四、净利润（损失以"－"号表示）	28	1 550 705.16	1 570 172.86
五、每股收益：	30		
（一）基本每股收益	31		
（二）稀释每股收益	32		

注：年初应交的所得税余额为 55 108.90 元。

（三）资产负债表各项目年初数

企业年度会计报表

资产负债表

会企 01 表

编制单位：　　　　　　　　　　2013 年 11 月 30 日　　　　　　　金额单位：元

资产	行次	期末余额	年初余额	负债和所有者权益（或股东权益）	行次	期末余额	年初余额
流动资产：	1			流动负债：	35		
货币资金	2	705 963.61	585 262.45	应付票据	38	1 507 282.20	1 486 050.33
应收票据	4	2 661 600.00	2 206 536.57	应付账款	39	253 390.50	358 369.78
应收账款	5	1 346 656.83	1 069 197.60	预收账款	40	132 000.00	130 000.00
预付账款	6	100 000.00	0	应付职工薪酬	41	519 677.74	547 927.82
其他应收款	9	4 789.10	4 007.86	应交税费	42	380844.90	370 009.02
存货	10	11 828 978.85	10 884 547.30	其他应付款	45	47 979.45	12 395.48
流动资产合计	14	16 647 988.39	14 749 551.78	流动负债合计	49	2 841 174.79	2 904 752.43
非流动资产：	15			负债合计	58	2 841 174.79	2 904 752.43
固定资产	21	4 349 447.67	4 760 756.76	所有者权益（或股东权益）：	59		
生产性生物资产	25			实收资本（或股本）	60	15 000 000.00	15 000 000.00
油气资产	26			盈余公积	62	1 002 168.00	1 002 168.00
无形资产	27			未分配利润	63	2154093.27	603 388.11
非流动资产合计	33	4 349 447.67	4 760 756.76	所有者权益（或股东权益）合计	65	18156261.27	16 605 556.11
资产总计	34	20 997 436.06	19 510 308.54	负债和所有者（或股东权益）合计	68	20 997 436.06	19 510 308.54

七、空白原始凭证、计算表

（供本册模拟实习使用）

（一）进账单

中国工商银行 INDUSTRY AND COMMERCIAL BANK **进账单**（回 执） **1**

年 月 日　　　　第 号

付款人	全　称		收款人	全　称	
	账　号			账　号	
	开户银行			开户银行	

人民币（大写）		千 百 十 万 千 百 十 元 角 分

票据种类	
票据张数	

单位主管　会计　复核　记账　　　　　　　　收款人开户行盖章

此联是收款人开户银行交给收款人的回执

中国工商银行 INDUSTRY AND COMMERCIAL BANK **进账单**（回 执） **1**

年 月 日　　　　第 号

付款人	全　称		收款人	全　称	
	账　号			账　号	
	开户银行			开户银行	

人民币（大写）		千 百 十 万 千 百 十 元 角 分

票据种类	
票据张数	

单位主管　会计　复核　记账　　　　　　　　收款人开户行盖章

此联是收款人开户银行交给收款人的回执

中国工商银行 进账单 （回 执）　　　1
INDUSTRY AND COMMERCIAL BANK

年　月　日　　　　　　第　号

付款人	全　称		收款人	全　称		千	百	十	万	千	百	十	元	角	分
	账　号			账　号											
	开户银行			开户银行											

人民币 （大写）										

票据种类	
票据张数	

单位主管　会计　复核　记账　　　　　　收款人开户行盖章

此联是收款人开户银行交给收款人的回执

中国工商银行 进账单 （回 执）　　　1
INDUSTRY AND COMMERCIAL BANK

年　月　日　　　　　　第　号

付款人	全　称		收款人	全　称		千	百	十	万	千	百	十	元	角	分
	账　号			账　号											
	开户银行			开户银行											

人民币 （大写）										

票据种类	
票据张数	

单位主管　会计　复核　记账　　　　　　收款人开户行盖章

此联是收款人开户银行交给收款人的回执

中国工商银行 进账单（回 执）　1
INDUSTRY AND COMMERCIAL BANK

年 月 日　　　第 号

付款人	全 称		收款人	全 称											
	账 号			账 号											
	开户银行			开户银行											
人民币（大写）					千	百	十	万	千	百	十	元	角	分	
票据种类															
票据张数															

单位主管　会计　复核　记账　　　　　收款人开户行盖章

此联是收款人开户银行交给收款人的回执

中国工商银行 进账单（回 执）　1
INDUSTRY AND COMMERCIAL BANK

年 月 日　　　第 号

付款人	全 称		收款人	全 称											
	账 号			账 号											
	开户银行			开户银行											
人民币（大写）					千	百	十	万	千	百	十	元	角	分	
票据种类															
票据张数															

单位主管　会计　复核　记账　　　　　收款人开户行盖章

此联是收款人开户银行交给收款人的回执

（二）汇票委托书

中国工商银行**汇票**委托书（存根）① No. 51685368

委托日期　年　月　日

汇款人		收款人										
账　号或住址		账　号或住址										
兑付地点	省　市（县）　兑付行	汇款用途										
汇　款金　额	人民币（大写）			千	百	十	万	千	百	十	元	角	分
备注：		科目_____　　对方科目_____　　财务主管：　　复核：　　经办：										

此联由汇款人留存作记账凭证

中国工商银行**汇票**委托书（存根）① No. 51685369

委托日期　年　月　日

汇款人		收款人										
账　号或住址		账　号或住址										
兑付地点	省　市（县）　兑付行	汇款用途										
汇　款金　额	人民币（大写）			千	百	十	万	千	百	十	元	角	分
备注：		科目_____　　对方科目_____　　财务主管：　　复核：　　经办：										

此联由汇款人留存作记账凭证

中国工商银行**汇票**委托书（存根）① No. 51685370

委托日期　年　月　日

汇款人		收款人										
账　号或住址		账　号或住址										
兑付地点	省　市（县）　兑付行	汇款用途										
汇　款金　额	人民币（大写）			千	百	十	万	千	百	十	元	角	分
备注：		科目_____　　对方科目_____　　财务主管：　　复核：　　经办：										

此联由汇款人留存作记账凭证

（三）商业汇票

商业承兑汇票（存根）　　　　1　IXV13192979

签发日期　年 月 日　　　　　　　　　　　　　第　号

收款人	全　称		承兑申请人	全　称		
	账　号			账　号		
	开户银行			开户银行		行号

汇票金额	人民币（大写）				百 十 万 千 百 十 元 角 分

汇票到期日　　　年 月 日　　　　交易合同编号：

备注：

负责　　经办

此联签发人存查

商业承兑汇票（存根）　　　　3　IXV13192979

签发日期　年 月 日　　　　　　　　　　　　　第　号

收款人	全　称		承兑申请人	全　称		
	账　号			账　号		
	开户银行			开户银行		行号

汇票金额	人民币（大写）				百 十 万 千 百 十 元 角 分

汇票到期日　　　年 月 日　　　　交易合同编号：

本汇票请你单位承兑，并及时将承兑汇票寄交我单位。
此致
承兑人
　　　　　　　　承兑人盖章
负责　经办　年 月 日

备注：

此联承兑人（付款人）留存

普通高等教育"十三五"规划教材·会计系列

银行承兑汇票（存根）   1   IXV01491035

签发日期　年　月　日　　　　　　　　　　　　　　　　　第　号

收款人	全　称		承兑申请人	全　称		
	账　号			账　号		
	开户银行			开户银行		行号

汇票金额	人民币（大写）		百 十 万 千 百 十 元 角 分

汇票到期日　　　　年　月　日

备注：

承兑协议编号　　　　　交易合同编号

负责　　经办

此联签发人存查

（四）水费电费分配表

水费分配计算表
年　月

部门	应借科目	分配比例	金　额
基本生产车间			
机修车间			
行政管理部门			
合　计			

电费分配计算表
年　月

部门	应借科目	分配比例	金　额
基本生产车间			
机修车间			
行政管理部门			
合　计			

（五）收据

收款收据 / GATHERING RECEIPT

No. 3856815

客户名称 Client Appellation _____ 　年　月　日

货号 NO	名称及规格 Description	单位 Unit	数量 Quantity	单价 Unit Price	金 Amount 额								
---	---	---	---	---	佰	拾	万	仟	佰	拾	元	角	分

合计金额 TOTAL　人民币　仟佰拾万仟佰拾元角分¥：_____

第三联：记账联

填票： Filler　　收款人： Payee　　会计： Accountant　　收款单位： Payee of monad

收款收据 / GATHERING RECEIPT

No. 3856816

客户名称 Client Appellation _____ 　年　月　日

货号 NO	名称及规格 Description	单位 Unit	数量 Quantity	单价 Unit Price	金 Amount 额								
---	---	---	---	---	佰	拾	万	仟	佰	拾	元	角	分

合计金额 TOTAL　人民币　仟佰拾万仟佰拾元角分¥：_____

第三联：记账联

填票： Filler　　收款人： Payee　　会计： Accountant　　收款单位： Payee of monad

（六）进仓单

进 仓 单

No. 0537600

收货部门　　　　　　　　　　　　　　　　　　　　　　　　　　　　年　　月　　日

产品		单位	数量	单价	成本总额								说明
编号	名称及规格				十	万	千	百	十	元	角	分	

金额大写：　　佰　　拾　　万　　仟　　佰　　拾　　元　　角　　分　　￥：

部门主管　　　　会计　　　　记账　　　　保管　　　　验收　　　　制单

第三联　记账联

进 仓 单

No. 0537601

收货部门　　　　　　　　　　　　　　　　　　　　　　　　　　　　年　　月　　日

产品		单位	数量	单价	成本总额								说明
编号	名称及规格				十	万	千	百	十	元	角	分	

金额大写：　　佰　　拾　　万　　仟　　佰　　拾　　元　　角　　分　　￥：

部门主管　　　　会计　　　　记账　　　　保管　　　　验收　　　　制单

第三联　记账联

进 仓 单

No. 0537602

收货部门　　　　　　　　　　　　　　　　　　　　　　　　　　　　年　　月　　日

产品		单位	数量	单价	成本总额								说明
编号	名称及规格				十	万	千	百	十	元	角	分	

金额大写：　　佰　　拾　　万　　仟　　佰　　拾　　元　　角　　分　　￥：

部门主管　　　　会计　　　　记账　　　　保管　　　　验收　　　　制单

第三联　记账联

进 仓 单

No. 0537603

收货部门   年 月 日

产品		单位	数量	单价	成本总额								说明	
编号	名称及规格				十万	千	百	十	元	角	分			第三联
														记账联

金额大写: 佰 拾 万 仟 佰 拾 元 角 分 ¥:

部门主管   会计   记账   保管   验收   制单

进 仓 单

No. 0537604

收货部门   年 月 日

产品		单位	数量	单价	成本总额								说明	
编号	名称及规格				十万	千	百	十	元	角	分			第三联
														记账联

金额大写: 佰 拾 万 仟 佰 拾 元 角 分 ¥:

部门主管   会计   记账   保管   验收   制单

进 仓 单

No. 0537605

收货部门   年 月 日

产品		单位	数量	单价	成本总额								说明	
编号	名称及规格				十万	千	百	十	元	角	分			第三联
														记账联

金额大写: 佰 拾 万 仟 佰 拾 元 角 分 ¥:

部门主管   会计   记账   保管   验收   制单

进仓单

No. 0537606

收货部门   年　月　日

产品		单位	数量	单价	成本总额								说明
编号	名称及规格				十万	千	百	十	元	角	分		

第三联　记账联

金额大写：　　佰　拾　万　仟　佰　拾　元　角　分　　¥：

部门主管　　　会计　　　　记账　　　　保管·　　　验收　　　　制单

（七）固定资产折旧分配表

固定资产折旧分配表

资产名称	本月计提折旧额				使用部门	分配比例	分配的折旧额
	原值	残值率	预计年限	折旧额			
基本生产设备					基本生产车间	90%	
					辅助生产车间	10%	
辅助生产设备					基本生产车间	90%	
					辅助生产车间	10%	
车间					基本生产车间	90%	
					辅助生产车间	10%	
办公楼					行政管理部门	80%	
					销售科	20%	
管理设备					行政管理部门	80%	
					销售科	20%	
仓库					采购科	100%	
运输设备					车队	100%	
合计							

（八）辅助生产成本分配表

辅助生产成本分配表

车间机修　　　　　　　　　　　　年　月

受益车间或部门	修理安装工时	分配率	分配额
基本生产车间			
行政管理部门			
合计			

（九）车间制造费用分配表

制造费用分配表

年　月

项　目	定额工时	分配率	分配额
锌合金 212 锁			
不锈钢 219 锁			
钢 222 锁			
汽车 2013 锁			
铁 271 锁			
合计			

（十）产品成本计算表

产品成本计算表

产品　锌合金 212 锁　　　　　　　　年　月

项　目	主要材料	辅助材料	工资及福利费	制造费用	合计
月初在产品（定额成本）					
本月生产费用					
累计					
月末在产品（定额成本）					
完工产品总成本（产量：　　　）					
单位成本					

产品成本计算表

产品　不锈钢 219 锁　　　　　　　　年　月

项　目	主要材料	辅助材料	工资及福利费	制造费用	合计
月初在产品（定额成本）					
本月生产费用					
累计					
月末在产品（定额成本）					
完工产品总成本（产量：　　　）					
单位成本					

产品成本计算表

产品 钢222锁   年   月

项　目	主要材料	辅助材料	工资及福利费	制造费用	合计
月初在产品（定额成本）					
本月生产费用					
累计					
月末在产品（定额成本）					
完工产品总成本（产量：　　　）					
单位成本					

产品成本计算表

产品 汽车2013锁   年   月

项　目	主要材料	辅助材料	工资及福利费	制造费用	合计
月初在产品（定额成本）					
本月生产费用					
累计					
月末在产品（定额成本）					
完工产品总成本（产量：　　　）					
单位成本					

产品成本计算表

产品 铁271锁   年   月

项　目	主要材料	辅助材料	工资及福利费	制造费用	合计
月初在产品（定额成本）					
本月生产费用					
累计					
月末在产品（定额成本）					
完工产品总成本（产量：　　　）					
单位成本					

（十一）产品销售税金及附加计算表

产品销售税金及附加计算表

年   月

项　　目		金　　额
当期销售产品销售额	①	
销售产品销项税额	② = ① × 17%	
进项税额	③	

续表

项　　目		金　　额
进项税额转出	④	
应纳增值税额	⑤ = ② − ③ + ④	
应纳城建税额	⑥ = ⑤ × 7%	
应交教育费附加	⑦ = ⑤ × 3%	
应交地方教育费附加	⑧ = ⑤ × 2%	
应交堤围费	⑨ = ① × 0.1%	

（十二）主要材料发出汇总表

主要材料收发汇总表
年　月

材料名称	期初库存		本期购进		加权平均单价	本期发出		
	数量	金额	数量	金额		用途	数量	金额
铜材								
小计								
钢材								
不锈钢								
小计								
锌合金								
小计								
铁材								
小计								

（十三）辅助材料发出汇总表

辅助材料收发汇总表（一）

年　月

材料名称	期初库存		本期购进		加权平均单价	本期发出		
	数量	金额	数量	金额		用途	数量	金额
钥匙圈								
小计								
弹簧								
小计								
锁利								
小计								
胶管								
小计								

辅助材料收发汇总表（二）

年　月

材料名称	期初库存		本期购进		加权平均单价	本期发出		
	数量	金额	数量	金额		用途	数量	金额
纸板								
小计								
吸塑壳								
小计								
商标纸								
小计								

（十四）周转材料发出汇总表

周转材料收发汇总表

年　月

材料名称	期初库存		本期购进		加权平均单价	本期发出		
	数量	金额	数量	金额		用途	数量	金额
纸箱								
小计								

续表

材料名称	期初库存		本期购进		加权平均单价	本期发出		
	数量	金额	数量	金额		用途	数量	金额
切割机								
手摩机								
手电钻								
板手								
钳子								
螺丝刀								
小计								

（十五）产成品发出汇总表

产成品收发汇总表
年　　月

产品名称	期初库存		本期完工入库		加权平均单价	本期发出		
	数量	金额	数量	金额		用途	数量	金额
小计								

（十六）印花税票

印花税票

1. 壹元面值

2. 伍元面值

3. 拾元面值

4. 伍拾元面值

5. 壹佰元面值

八、证账表等样本

1. 支票

中国工商银行　支票　0006001

10204401
0006001

出票日期(大写)　　年　月　日
收款人：
人民币
(大写)

付款行名称：中国工商银行广州市分行五羊新城支行
出票人账号：0931006669

千百十万千百十元角分

用途
上列款项请从
我账户内支付
出票人签章

复核　　记账

付款期限自出票之日起十天

"?00929" 0015"277"31:
050 20 69 26"

中国工商银行
支票存根
10204401
0006001

附加信息

出票日期　年　月　日
收款人：
金　额：
用　途：

单位主管　　会计

广东省××印刷有限公司·2010年印制

中国工商银行　支票　0006001

10204401
0006001

出票日期(大写)　　年　月　日
收款人：
人民币
(大写)

付款行名称：中国工商银行广州市分行五羊新城支行
出票人账号：0931006669

千百十万千百十元角分

用途
上列款项请从
我账户内支付
出票人签章

复核　　记账

付款期限自出票之日起十天

"?00929" 0015"277"31:
050 20 69 26"

中国工商银行
支票存根
10204401
0006001

附加信息

出票日期　年　月　日
收款人：
金　额：
用　途：

单位主管　　会计

广东省××印刷有限公司·2010年印制

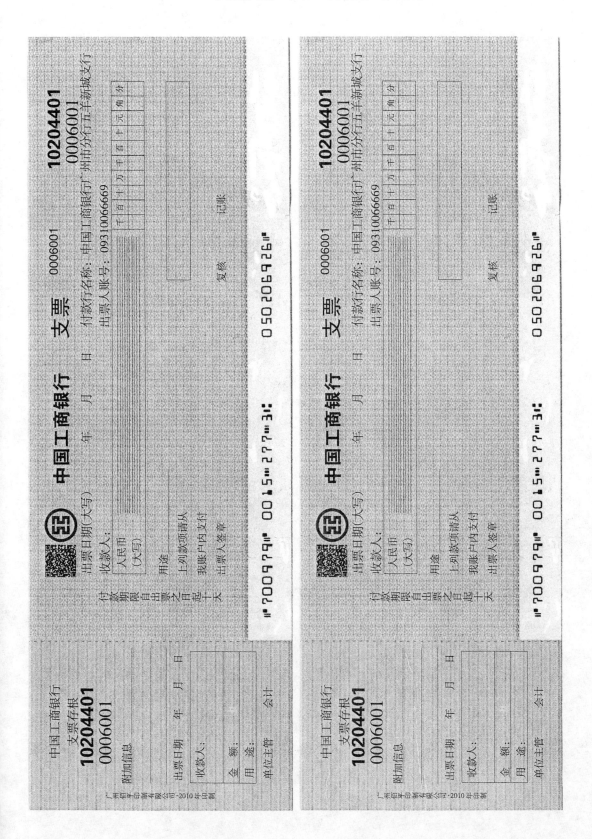

中国工商银行　支票

中国工商银行
支票存根
10204401
0006001

附加信息

出票日期　年　月　日

收款人：

金　额：

用　途：

单位主管　　会计

10204401
0006001

0006001

出票日期（大写）　年　月　日

收款人：

人民币
（大写）

千百十万千百十元角分

用途

上列款项请从
我账户内支付

出票人签章

复核　　记账

付款行名称：中国工商银行广州市分行五羊新城支行

出票人账号：09310066669

付款
期限
自出
票之
日起
十天

⑴"700979"⑴ 0015"277"31:

0 50 2069 26"

中国工商银行　支票

中国工商银行
支票存根
10204401
0006001

附加信息

出票日期　年　月　日

收款人：

金　额：

用　途：

单位主管　　会计

10204401
0006001

0006001

出票日期（大写）　年　月　日

收款人：

人民币
（大写）

千百十万千百十元角分

用途

上列款项请从
我账户内支付

出票人签章

复核　　记账

付款行名称：中国工商银行广州市分行五羊新城支行

出票人账号：09310066669

付款
期限
自出
票之
日起
十天

⑴"700979"⑴ 0015"277"31:

0 50 2069 26"

中国工商银行
支票 0006001
10204401
0006001

中国工商银行

支票

出票日期(大写)　年　月　日

收款人：

人民币
(大写)

用途

上列款项请从
我账户内支付

出票人签章

复核　　记账

付款行名称：中国工商银行广州市分行五羊新城支行
出票人账号：09310066669

千 百 十 万 千 百 十 元 角 分

付
款
期
限
自
出
票
之
日
起
十
天

⑆700979⑆ 00⅃5⑈277⑈3⑈

050206926⑈

中国工商银行
支票存根
10204401
0006001

附加信息

出票日期　年　月　日

收款人：

金　额：

用　途：

单位主管　　会计

中国工商银行
支票 0006001
10204401
0006001

中国工商银行

支票

出票日期(大写)　年　月　日

收款人：

人民币
(大写)

用途

上列款项请从
我账户内支付

出票人签章

复核　　记账

付款行名称：中国工商银行广州市分行五羊新城支行
出票人账号：09310066669

千 百 十 万 千 百 十 元 角 分

付
款
期
限
自
出
票
之
日
起
十
天

⑆700979⑆ 00⅃5⑈277⑈3⑈

050206926⑈

中国工商银行
支票存根
10204401
0006001

附加信息

出票日期　年　月　日

收款人：

金　额：

用　途：

单位主管　　会计

普通高等教育"十三五"规划教材·会计系列

中国工商银行 支票

0006001

付款行名称：中国工商银行广州市分行五羊新城支行
出票人账号：09310066669

出票日期（大写）　年　月　日
收款人：
人民币
（大写）
用途
上列款项请从
我账户内支付
出票人签章

千　百　十　万　千　百　十　元　角　分

复核　　记账

⑴"2009929" 0015"222"3⑈

050 2069926"

中国工商银行
支票存根
10204401
0006001
附加信息

出票日期　年　月　日
收款人：
金　额：
用　途：
单位主管　　会计

中国工商银行 支票

0006001

付款行名称：中国工商银行广州市分行五羊新城支行
出票人账号：09310066669

出票日期（大写）　年　月　日
收款人：
人民币
（大写）
用途
上列款项请从
我账户内支付
出票人签章

千　百　十　万　千　百　十　元　角　分

复核　　记账

⑴"2009929" 0015"222"3⑈

050 2069926"

中国工商银行
支票存根
10204401
0006001
附加信息

出票日期　年　月　日
收款人：
金　额：
用　途：
单位主管　　会计

10204401
0006001

中国工商银行
支票存根
10204401
0006001

附加信息

出票日期　年　月　日
收款人：
金　额：
用　途：
单位主管　　会计

广州佰华印刷有限公司·2010年印制

中国工商银行 支票 0006001

出票日期(大写)　年　月　日
收款人：
人民币
(大写)
用途
上列款项请从
我账户内支付
出票人签章

付款行名称：中国工商银行广州市分行五羊新城支行
出票人账号：09310066669

千百十万千百十元角分

复核　　记账

10204401
0006001

⑆700929⑈ 0015⑆277⑉31⑆
050 2006926⑈

中国工商银行
支票存根
10204401
0006001

附加信息

出票日期　年　月　日
收款人：
金　额：
用　途：
单位主管　　会计

广州佰华印刷有限公司·2010年印制

中国工商银行 支票 0006001

出票日期(大写)　年　月　日
收款人：
人民币
(大写)
用途
上列款项请从
我账户内支付
出票人签章

付款行名称：中国工商银行广州市分行五羊新城支行
出票人账号：09310066669

千百十万千百十元角分

复核　　记账

10204401
0006001

⑆700929⑈ 0015⑆277⑉31⑆
050 2006926⑈

中国工商银行　支票　0006001

10204401
0006001

出票日期（大写）　　年　　月　　日　付款行名称：中国工商银行广州市分行五羊新城支行

收款人：　　　　　　　　　　　　出票人账号：09310066669

人民币
（大写）

千	百	十	万	千	百	十	元	角	分

用途

上列款项请从
我账户内支付

出票人签章　　　　　　　　复核　　　记账

⑆7009?9⑆　0015⑈277⑉3⑈　　　050 2069 26⑆

中国工商银行　支票　0006001

10204401
0006001

出票日期（大写）　　年　　月　　日　付款行名称：中国工商银行广州市分行五羊新城支行

收款人：　　　　　　　　　　　　出票人账号：09310066669

人民币
（大写）

千	百	十	万	千	百	十	元	角	分

用途

上列款项请从
我账户内支付

出票人签章　　　　　　　　复核　　　记账

⑆7009?9⑆　0015⑈277⑉3⑈　　　050 2069 26⑆

中国工商银行
支票存根
10204401
0006001

附加信息

出票日期　　年　　月　　日

收款人：

金　额：

用　途：

单位主管　　　　　会计

中国工商银行
支票存根
10204401
0006001

附加信息

出票日期　　年　　月　　日

收款人：

金　额：

用　途：

单位主管　　　　　会计

支票（右联）

中国工商银行 支票

10204401
0006001

付款行名称：中国工商银行广州市分行五羊新城支行
出票人账号：09310066669

出票日期（大写）：   年   月   日

收款人：

人民币
（大写）

千 百 十 万 千 百 十 元 角 分

用途：

上列款项请从
我账户内支付

出票人签章

复核   记账

"7009799" 0015"277"31:   050 206 926"

存根（左联）

中国工商银行
支票存根
10204401
0006001

附加信息

出票日期   年   月   日

收款人：

金   额：
用   途：

单位主管   会计

广东省平印刷有限公司·2010年印制

支票（右联）

中国工商银行 支票

10204401
0006001

付款行名称：中国工商银行广州市分行五羊新城支行
出票人账号：09310066669

出票日期（大写）：   年   月   日

收款人：

人民币
（大写）

千 百 十 万 千 百 十 元 角 分

用途：

上列款项请从
我账户内支付

出票人签章

复核   记账

"7009799" 0015"277"31:   050 206 926"

存根（左联）

中国工商银行
支票存根
10204401
0006001

附加信息

出票日期   年   月   日

收款人：

金   额：
用   途：

单位主管   会计

广东省平印刷有限公司·2010年印制

2. 记账凭证

记 账 凭 证

年　月　日　　　　　　　　　　　　　　　　　　字第　号

摘　　要	会计科目		借 方 金 额											贷 方 金 额											记账√
	总账科目	明细科目	亿	千	百	十	万	千	百	十	元	角	分	亿	千	百	十	万	千	百	十	元	角	分	
附件　张	合　　计																								

会计主管　　　　　记账　　　　　　出纳　　　　　　审核　　　　　　制证

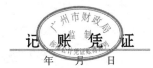

记 账 凭 证

年　月　日　　　　　　　　　　　　　　　　　　字第　号

摘　　要	会计科目		借 方 金 额											贷 方 金 额											记账√
	总账科目	明细科目	亿	千	百	十	万	千	百	十	元	角	分	亿	千	百	十	万	千	百	十	元	角	分	
附件　张	合　　计																								

会计主管　　　　　记账　　　　　　出纳　　　　　　审核　　　　　　制证

记 账 凭 证

年　月　日　　　　　　　　　　　　　　　　　　　　字第　号

摘　要	会计科目		借　方　金　额											贷　方　金　额											记账√
	总账科目	明细科目	亿	千	百	十	万	千	百	十	元	角	分	亿	千	百	十	万	千	百	十	元	角	分	
附件　张	合　计																								

会计主管　　　　　　记账　　　　　　　出纳　　　　　　审核　　　　　　制证

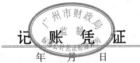

记 账 凭 证

年　月　日　　　　　　　　　　　　　　　　　　　　字第　号

摘　要	会计科目		借　方　金　额											贷　方　金　额											记账√
	总账科目	明细科目	亿	千	百	十	万	千	百	十	元	角	分	亿	千	百	十	万	千	百	十	元	角	分	
附件　张	合　计																								

会计主管　　　　　　记账　　　　　　　出纳　　　　　　审核　　　　　　制证

记账凭证

年　月　日　　　　　　　　　　　　　　字第　号

摘　要	会计科目		借　方　金　额											贷　方　金　额											记账√
	总账科目	明细科目	亿	千	百	十	万	千	百	十	元	角	分	亿	千	百	十	万	千	百	十	元	角	分	
附件　　张	合　计																								

会计主管　　　　　　记账　　　　　　　出纳　　　　　　　审核　　　　　　　制证

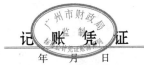

记账凭证

年　月　日　　　　　　　　　　　　　　字第　号

摘　要	会计科目		借　方　金　额											贷　方　金　额											记账√
	总账科目	明细科目	亿	千	百	十	万	千	百	十	元	角	分	亿	千	百	十	万	千	百	十	元	角	分	
附件　　张	合　计																								

会计主管　　　　　　记账　　　　　　　出纳　　　　　　　审核　　　　　　　制证

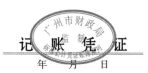

记 账 凭 证

年　月　日　　　　　　　　　　　　　字第　　号

摘　要	会计科目		借　方　金　额											贷　方　金　额											记账 √
	总账科目	明细科目	亿	千	百	十	万	千	百	十	元	角	分	亿	千	百	十	万	千	百	十	元	角	分	
附件　张	合　　计																								

会计主管　　　　　　记账　　　　　　　　出纳　　　　　　审核　　　　　　　制证

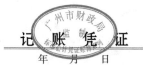

记 账 凭 证

年　月　日　　　　　　　　　　　　　字第　　号

摘　要	会计科目		借　方　金　额											贷　方　金　额											记账 √
	总账科目	明细科目	亿	千	百	十	万	千	百	十	元	角	分	亿	千	百	十	万	千	百	十	元	角	分	
附件　张	合　　计																								

会计主管　　　　　　记账　　　　　　　　出纳　　　　　　审核　　　　　　　制证

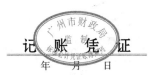

记 账 凭 证

年　月　日　　　　　　　　　　　　　字第　号

摘　要	会计科目		借　方　金　额											贷　方　金　额											记账√
	总账科目	明细科目	亿	千	百	十	万	千	百	十	元	角	分	亿	千	百	十	万	千	百	十	元	角	分	
附件　张	合　计																								

会计主管　　　　　记账　　　　　　　出纳　　　　　　　审核　　　　　　　制证

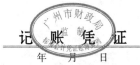

记 账 凭 证

年　月　日　　　　　　　　　　　　　字第　号

摘　要	会计科目		借　方　金　额											贷　方　金　额											记账√
	总账科目	明细科目	亿	千	百	十	万	千	百	十	元	角	分	亿	千	百	十	万	千	百	十	元	角	分	
附件　张	合　计																								

会计主管　　　　　记账　　　　　　　出纳　　　　　　　审核　　　　　　　制证

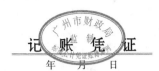

记 账 凭 证

年 月 日　　　　　　　　　　　字第　号

摘 要	会计科目		借 方 金 额											贷 方 金 额											记账√
	总账科目	明细科目	亿	千	百	十	万	千	百	十	元	角	分	亿	千	百	十	万	千	百	十	元	角	分	
附件　张	合　计																								

会计主管　　　　　记账　　　　　　出纳　　　　　　　审核　　　　　　　制证

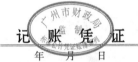

记 账 凭 证

年 月 日　　　　　　　　　　　字第　号

摘 要	会计科目		借 方 金 额											贷 方 金 额											记账√
	总账科目	明细科目	亿	千	百	十	万	千	百	十	元	角	分	亿	千	百	十	万	千	百	十	元	角	分	
附件　张	合　计																								

会计主管　　　　　记账　　　　　　出纳　　　　　　　审核　　　　　　　制证

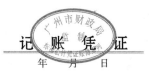

记 账 凭 证

年 月 日 字第 号

摘　　要	会计科目		借　方　金　额											贷　方　金　额											记账 √
	总账科目	明细科目	亿	千	百	十	万	千	百	十	元	角	分	亿	千	百	十	万	千	百	十	元	角	分	
附件　　张	合　　计																								

会计主管　　　　　　　记账　　　　　　　　出纳　　　　　　　审核　　　　　　　制证

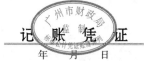

记 账 凭 证

年 月 日 字第 号

摘　　要	会计科目		借　方　金　额											贷　方　金　额											记账 √
	总账科目	明细科目	亿	千	百	十	万	千	百	十	元	角	分	亿	千	百	十	万	千	百	十	元	角	分	
附件　　张	合　　计																								

会计主管　　　　　　　记账　　　　　　　　出纳　　　　　　　审核　　　　　　　制证

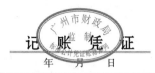

记 账 凭 证

年 月 日　　　　　　　　　　　字第　　号

摘　要	会计科目		借　方　金　额											贷　方　金　额											记账√
	总账科目	明细科目	亿	千	百	十	万	千	百	十	元	角	分	亿	千	百	十	万	千	百	十	元	角	分	
附件　张	合　计																								

会计主管　　　　　　记账　　　　　　　出纳　　　　　　　审核　　　　　　制证

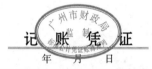

记 账 凭 证

年 月 日　　　　　　　　　　　字第　　号

摘　要	会计科目		借　方　金　额											贷　方　金　额											记账√
	总账科目	明细科目	亿	千	百	十	万	千	百	十	元	角	分	亿	千	百	十	万	千	百	十	元	角	分	
附件　张	合　计																								

会计主管　　　　　　记账　　　　　　　出纳　　　　　　　审核　　　　　　制证

记 账 凭 证

年 月 日　　　　　　　　　　　　　　　字第　号

摘 要	会计科目		借 方 金 额											贷 方 金 额											记账√
	总账科目	明细科目	亿	千	百	十	万	千	百	十	元	角	分	亿	千	百	十	万	千	百	十	元	角	分	
附件　张	合　计																								

会计主管　　　　　记账　　　　　　出纳　　　　　　审核　　　　　　制证

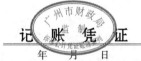

记 账 凭 证

年 月 日　　　　　　　　　　　　　　　字第　号

摘 要	会计科目		借 方 金 额											贷 方 金 额											记账√
	总账科目	明细科目	亿	千	百	十	万	千	百	十	元	角	分	亿	千	百	十	万	千	百	十	元	角	分	
附件　张	合　计																								

会计主管　　　　　记账　　　　　　出纳　　　　　　审核　　　　　　制证

记 账 凭 证

年　　月　　日　　　　　　　　　　　　　　字第　　号

摘　要	会计科目		借　方　金　额										贷　方　金　额										记账√
	总账科目	明细科目	亿	千	百	十	万	千	百	十	元	角	分	亿	千	百	十	万	千	百	十	元	角	分	
附件　　张	合　　计																							

会计主管　　　　　记账　　　　　出纳　　　　　审核　　　　　制证

记 账 凭 证

年　　月　　日　　　　　　　　　　　　　　字第　　号

摘　要	会计科目		借　方　金　额										贷　方　金　额										记账√
	总账科目	明细科目	亿	千	百	十	万	千	百	十	元	角	分	亿	千	百	十	万	千	百	十	元	角	分	
附件　　张	合　　计																							

会计主管　　　　　记账　　　　　出纳　　　　　审核　　　　　制证

记 账 凭 证

年 月 日   字第 号

摘 要	会计科目		借 方 金 额											贷 方 金 额											记账 √
	总账科目	明细科目	亿	千	百	十	万	千	百	十	元	角	分	亿	千	百	十	万	千	百	十	元	角	分	
附件 张	合 计																								

会计主管   记账   出纳   审核   制证

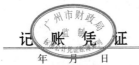

记 账 凭 证

年 月 日   字第 号

摘 要	会计科目		借 方 金 额											贷 方 金 额											记账 √
	总账科目	明细科目	亿	千	百	十	万	千	百	十	元	角	分	亿	千	百	十	万	千	百	十	元	角	分	
附件 张	合 计																								

会计主管   记账   出纳   审核   制证

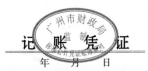

记 账 凭 证

年　月　日　　　　　　　　　　　　　字第　　号

摘　要	会计科目		借 方 金 额											贷 方 金 额											记账√
	总账科目	明细科目	亿	千	百	十	万	千	百	十	元	角	分	亿	千	百	十	万	千	百	十	元	角	分	
附件　张	合　计																								

会计主管　　　　　　记账　　　　　　出纳　　　　　　审核　　　　　　制证

记 账 凭 证

年　月　日　　　　　　　　　　　　　字第　　号

摘　要	会计科目		借 方 金 额											贷 方 金 额											记账√
	总账科目	明细科目	亿	千	百	十	万	千	百	十	元	角	分	亿	千	百	十	万	千	百	十	元	角	分	
附件　张	合　计																								

会计主管　　　　　　记账　　　　　　出纳　　　　　　审核　　　　　　制证

记 账 凭 证

年 月 日 字第 号

摘 要	会计科目		借 方 金 额											贷 方 金 额											记账√
	总账科目	明细科目	亿	千	百	十	万	千	百	十	元	角	分	亿	千	百	十	万	千	百	十	元	角	分	
附件 张	合 计																								

会计主管　　　　　　记账　　　　　　　出纳　　　　　　　审核　　　　　　制证

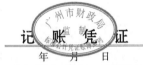

记 账 凭 证

年 月 日 字第 号

摘 要	会计科目		借 方 金 额											贷 方 金 额											记账√
	总账科目	明细科目	亿	千	百	十	万	千	百	十	元	角	分	亿	千	百	十	万	千	百	十	元	角	分	
附件 张	合 计																								

会计主管　　　　　　记账　　　　　　　出纳　　　　　　　审核　　　　　　制证

记账凭证

年　月　日　　　　　　　　　　　　　　　字第　号

摘　要	会计科目		借　方　金　额											贷　方　金　额											记账√
	总账科目	明细科目	亿	千	百	十	万	千	百	十	元	角	分	亿	千	百	十	万	千	百	十	元	角	分	
附件　张	合　计																								

会计主管　　　　　　记账　　　　　　出纳　　　　　　审核　　　　　　制证

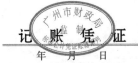

记账凭证

年　月　日　　　　　　　　　　　　　　　字第　号

摘　要	会计科目		借　方　金　额											贷　方　金　额											记账√
	总账科目	明细科目	亿	千	百	十	万	千	百	十	元	角	分	亿	千	百	十	万	千	百	十	元	角	分	
附件　张	合　计																								

会计主管　　　　　　记账　　　　　　出纳　　　　　　审核　　　　　　制证

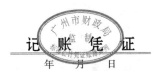

记 账 凭 证

年 月 日 　　　　　　　　字第 号

摘 要	会计科目		借 方 金 额											贷 方 金 额											记账√
	总账科目	明细科目	亿	千	百	十	万	千	百	十	元	角	分	亿	千	百	十	万	千	百	十	元	角	分	
附件 张	合 计																								

会计主管　　　　　记账　　　　　　出纳　　　　　　审核　　　　　　制证

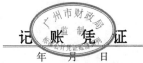

记 账 凭 证

年 月 日 　　　　　　　　字第 号

摘 要	会计科目		借 方 金 额											贷 方 金 额											记账√
	总账科目	明细科目	亿	千	百	十	万	千	百	十	元	角	分	亿	千	百	十	万	千	百	十	元	角	分	
附件 张	合 计																								

会计主管　　　　　记账　　　　　　出纳　　　　　　审核　　　　　　制证

记 账 凭 证

年 月 日

字第 号

摘 要	会计科目		借 方 金 额											贷 方 金 额											记账√
	总账科目	明细科目	亿	千	百	十	万	千	百	十	元	角	分	亿	千	百	十	万	千	百	十	元	角	分	
附件 张	合 计																								

会计主管 　　　　记账　　　　　　出纳　　　　　　　审核　　　　　　　制证

记 账 凭 证

年 月 日

字第 号

摘 要	会计科目		借 方 金 额											贷 方 金 额											记账√
	总账科目	明细科目	亿	千	百	十	万	千	百	十	元	角	分	亿	千	百	十	万	千	百	十	元	角	分	
附件 张	合 计																								

会计主管 　　　　记账　　　　　　出纳　　　　　　　审核　　　　　　　制证

记 账 凭 证

年　月　日　　　　　　　　　　　　　　　　字第　　号

摘　要	会计科目		借　方　金　额											贷　方　金　额											记账√
	总账科目	明细科目	亿	千	百	十	万	千	百	十	元	角	分	亿	千	百	十	万	千	百	十	元	角	分	
附件　张	合　计																								

会计主管　　　　　　记账　　　　　　　　出纳　　　　　　　　审核　　　　　　　制证

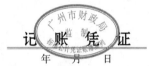

记 账 凭 证

年　月　日　　　　　　　　　　　　　　　　字第　　号

摘　要	会计科目		借　方　金　额											贷　方　金　额											记账√
	总账科目	明细科目	亿	千	百	十	万	千	百	十	元	角	分	亿	千	百	十	万	千	百	十	元	角	分	
附件　张	合　计																								

会计主管　　　　　　记账　　　　　　　　出纳　　　　　　　　审核　　　　　　　制证

记 账 凭 证

年　月　日　　　　　　　　　　　　　字第　号

摘　要	会计科目		借　方　金　额										贷　方　金　额										记账√
	总账科目	明细科目	亿	千	百	十	万	千	百	十	元	角	分	亿	千	百	十	万	千	百	十	元	角	分	
附件　张	合　计																							

会计主管　　　　　记账　　　　　　出纳　　　　　　审核　　　　　　制证

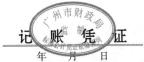

记 账 凭 证

年　月　日　　　　　　　　　　　　　字第　号

摘　要	会计科目		借　方　金　额										贷　方　金　额										记账√
	总账科目	明细科目	亿	千	百	十	万	千	百	十	元	角	分	亿	千	百	十	万	千	百	十	元	角	分	
附件　张	合　计																							

会计主管　　　　　记账　　　　　　出纳　　　　　　审核　　　　　　制证

记　账　凭　证

年　月　日　　　　　　　　　　字第　号

摘　要	会计科目		借　方　金　额											贷　方　金　额											记账√
	总账科目	明细科目	亿	千	百	十	万	千	百	十	元	角	分	亿	千	百	十	万	千	百	十	元	角	分	
附件　张	合　计																								

会计主管　　　　　记账　　　　　出纳　　　　　审核　　　　　制证

记　账　凭　证

年　月　日　　　　　　　　　　字第　号

摘　要	会计科目		借　方　金　额											贷　方　金　额											记账√
	总账科目	明细科目	亿	千	百	十	万	千	百	十	元	角	分	亿	千	百	十	万	千	百	十	元	角	分	
附件　张	合　计																								

会计主管　　　　　记账　　　　　出纳　　　　　审核　　　　　制证

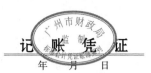

记 账 凭 证

年　月　日　　　　　　　　　　　　　　　　　字第　号

摘　要	会计科目		借　方　金　额										贷　方　金　额										记账√
	总账科目	明细科目	亿	千	百	十	万	千	百	十	元	角	分	亿	千	百	十	万	千	百	十	元	角	分	
附件　张	合　计																								

会计主管　　　　　　记账　　　　　　　　出纳　　　　　　　　审核　　　　　　　　制证

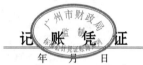

记 账 凭 证

年　月　日　　　　　　　　　　　　　　　　　字第　号

摘　要	会计科目		借　方　金　额										贷　方　金　额										记账√
	总账科目	明细科目	亿	千	百	十	万	千	百	十	元	角	分	亿	千	百	十	万	千	百	十	元	角	分	
附件　张	合　计																								

会计主管　　　　　　记账　　　　　　　　出纳　　　　　　　　审核　　　　　　　　制证

记 账 凭 证

年　月　日　　　　　　　　　　字第　号

摘　要	会计科目		借 方 金 额											贷 方 金 额											记账√
	总账科目	明细科目	亿	千	百	十	万	千	百	十	元	角	分	亿	千	百	十	万	千	百	十	元	角	分	
附件　张	合　计																								

会计主管　　　　　记账　　　　　出纳　　　　　审核　　　　　制证

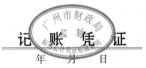

记 账 凭 证

年　月　日　　　　　　　　　　字第　号

摘　要	会计科目		借 方 金 额											贷 方 金 额											记账√
	总账科目	明细科目	亿	千	百	十	万	千	百	十	元	角	分	亿	千	百	十	万	千	百	十	元	角	分	
附件　张	合　计																								

会计主管　　　　　记账　　　　　出纳　　　　　审核　　　　　制证

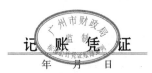

记 账 凭 证

年　月　日　　　　　　　　　　　　　字第　号

摘　要	会计科目		借　方　金　额											贷　方　金　额											记账√
	总账科目	明细科目	亿	千	百	十	万	千	百	十	元	角	分	亿	千	百	十	万	千	百	十	元	角	分	
附件　张	合　计																								

会计主管　　　　　　记账　　　　　　　出纳　　　　　　　审核　　　　　　　制证

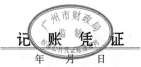

记 账 凭 证

年　月　日　　　　　　　　　　　　　字第　号

摘　要	会计科目		借　方　金　额											贷　方　金　额											记账√
	总账科目	明细科目	亿	千	百	十	万	千	百	十	元	角	分	亿	千	百	十	万	千	百	十	元	角	分	
附件　张	合　计																								

会计主管　　　　　　记账　　　　　　　出纳　　　　　　　审核　　　　　　　制证

记　账　凭　证

　　　年　月　日　　　　　　　　　　　　字第　　号

摘　要	会计科目		借　方　金　额											贷　方　金　额											记账√
	总账科目	明细科目	亿	千	百	十	万	千	百	十	元	角	分	亿	千	百	十	万	千	百	十	元	角	分	
附件　张	合　　计																								

会计主管　　　　　　记账　　　　　　　　出纳　　　　　　　审核　　　　　　　制证

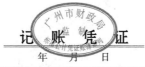

记　账　凭　证

　　　年　月　日　　　　　　　　　　　　字第　　号

摘　要	会计科目		借　方　金　额											贷　方　金　额											记账√
	总账科目	明细科目	亿	千	百	十	万	千	百	十	元	角	分	亿	千	百	十	万	千	百	十	元	角	分	
附件　张	合　　计																								

会计主管　　　　　　记账　　　　　　　　出纳　　　　　　　审核　　　　　　　制证

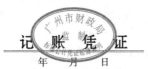

记 账 凭 证

年　月　日　　　　　　　　　　　　字第　　号

摘　要	会计科目		借 方 金 额										贷 方 金 额										记账 √
	总账科目	明细科目	亿	千	百	十	万	千	百	十	元	角	分	亿	千	百	十	万	千	百	十	元	角	分	
附件　张	合　计																							

会计主管　　　　　　记账　　　　　　出纳　　　　　　审核　　　　　　制证

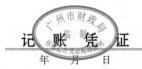

记 账 凭 证

年　月　日　　　　　　　　　　　　字第　　号

摘　要	会计科目		借 方 金 额										贷 方 金 额										记账 √
	总账科目	明细科目	亿	千	百	十	万	千	百	十	元	角	分	亿	千	百	十	万	千	百	十	元	角	分	
附件　张	合　计																							

会计主管　　　　　　记账　　　　　　出纳　　　　　　审核　　　　　　制证

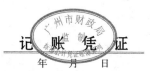

记 账 凭 证

年 月 日   字第 号

摘 要	会计科目		借 方 金 额											贷 方 金 额											记账√
	总账科目	明细科目	亿	千	百	十	万	千	百	十	元	角	分	亿	千	百	十	万	千	百	十	元	角	分	
附件 张	合 计																								

会计主管   记账   出纳   审核   制证

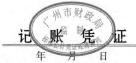

记 账 凭 证

年 月 日   字第 号

摘 要	会计科目		借 方 金 额											贷 方 金 额											记账√
	总账科目	明细科目	亿	千	百	十	万	千	百	十	元	角	分	亿	千	百	十	万	千	百	十	元	角	分	
附件 张	合 计																								

会计主管   记账   出纳   审核   制证

记 账 凭 证

年　月　日　　　　　　　　　　　　　　　　　字第　号

摘　要	会计科目		借　方　金　额											贷　方　金　额											记账√
	总账科目	明细科目	亿	千	百	十	万	千	百	十	元	角	分	亿	千	百	十	万	千	百	十	元	角	分	
附件　张	合　　计																								

会计主管　　　　　　记账　　　　　　　出纳　　　　　　审核　　　　　　制证

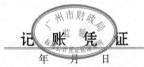

记 账 凭 证

年　月　日　　　　　　　　　　　　　　　　　字第　号

摘　要	会计科目		借　方　金　额											贷　方　金　额											记账√
	总账科目	明细科目	亿	千	百	十	万	千	百	十	元	角	分	亿	千	百	十	万	千	百	十	元	角	分	
附件　张	合　　计																								

会计主管　　　　　　记账　　　　　　　出纳　　　　　　审核　　　　　　制证

记 账 凭 证

年　月　日　　　　　　　　　　　　字第　号

摘　要	会计科目		借　方　金　额											贷　方　金　额											记账√
	总账科目	明细科目	亿	千	百	十	万	千	百	十	元	角	分	亿	千	百	十	万	千	百	十	元	角	分	
附件　张	合　　计																								

会计主管　　　　　　记账　　　　　　　出纳　　　　　　　审核　　　　　　　制证

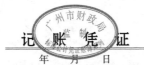

记 账 凭 证

年　月　日　　　　　　　　　　　　字第　号

摘　要	会计科目		借　方　金　额											贷　方　金　额											记账√
	总账科目	明细科目	亿	千	百	十	万	千	百	十	元	角	分	亿	千	百	十	万	千	百	十	元	角	分	
附件　张	合　　计																								

会计主管　　　　　　记账　　　　　　　出纳　　　　　　　审核　　　　　　　制证

记　账　凭　证

年　月　日　　　　　　　　　　　　　　　　　　　字第　号

摘　要	会计科目		借　方　金　额											贷　方　金　额											记账√
	总账科目	明细科目	亿	千	百	十	万	千	百	十	元	角	分	亿	千	百	十	万	千	百	十	元	角	分	
附件　张	合　计																								

会计主管　　　　　记账　　　　　出纳　　　　　审核　　　　　制证

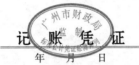

记　账　凭　证

年　月　日　　　　　　　　　　　　　　　　　　　字第　号

摘　要	会计科目		借　方　金　额											贷　方　金　额											记账√
	总账科目	明细科目	亿	千	百	十	万	千	百	十	元	角	分	亿	千	百	十	万	千	百	十	元	角	分	
附件　张	合　计																								

会计主管　　　　　记账　　　　　出纳　　　　　审核　　　　　制证

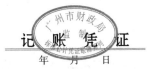

记 账 凭 证

年　月　日　　　　　　　　　　　　　　字第　号

摘　　要	会计科目		借　方　金　额											贷　方　金　额											记账√
	总账科目	明细科目	亿	千	百	十	万	千	百	十	元	角	分	亿	千	百	十	万	千	百	十	元	角	分	
附件　张	合　　计																								

会计主管　　　　　记账　　　　　　出纳　　　　　　审核　　　　　　制证

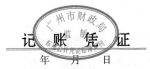

记 账 凭 证

年　月　日　　　　　　　　　　　　　　字第　号

摘　　要	会计科目		借　方　金　额											贷　方　金　额											记账√
	总账科目	明细科目	亿	千	百	十	万	千	百	十	元	角	分	亿	千	百	十	万	千	百	十	元	角	分	
附件　张	合　　计																								

会计主管　　　　　记账　　　　　　出纳　　　　　　审核　　　　　　制证

记 账 凭 证

年　月　日　　　　　　　　　　　　　　字第　　号

摘　要	会计科目		借 方 金 额											贷 方 金 额											记账√
	总账科目	明细科目	亿	千	百	十	万	千	百	十	元	角	分	亿	千	百	十	万	千	百	十	元	角	分	
附件　张	合　计																								

会计主管　　　　　　记账　　　　　　出纳　　　　　　审核　　　　　　制证

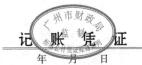

记 账 凭 证

年　月　日　　　　　　　　　　　　　　字第　　号

摘　要	会计科目		借 方 金 额											贷 方 金 额											记账√
	总账科目	明细科目	亿	千	百	十	万	千	百	十	元	角	分	亿	千	百	十	万	千	百	十	元	角	分	
附件　张	合　计																								

会计主管　　　　　　记账　　　　　　出纳　　　　　　审核　　　　　　制证

记 账 凭 证

年　月　日　　　　　　　　　　　　　　　　字第　　号

摘　要	会计科目		借　方　金　额											贷　方　金　额											记账√
	总账科目	明细科目	亿	千	百	十	万	千	百	十	元	角	分	亿	千	百	十	万	千	百	十	元	角	分	
附件　张	合　计																								

会计主管　　　　　　记账　　　　　　　出纳　　　　　　　审核　　　　　　　制证

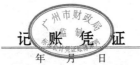

记 账 凭 证

年　月　日　　　　　　　　　　　　　　　　字第　　号

摘　要	会计科目		借　方　金　额											贷　方　金　额											记账√
	总账科目	明细科目	亿	千	百	十	万	千	百	十	元	角	分	亿	千	百	十	万	千	百	十	元	角	分	
附件　张	合　计																								

会计主管　　　　　　记账　　　　　　　出纳　　　　　　　审核　　　　　　　制证

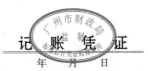

记 账 凭 证

年　月　日　　　　　　　　　　　　　　　　　　字第　号

摘　　要	会计科目		借　方　金　额										贷　方　金　额										记账 √
	总账科目	明细科目	亿	千	百	十	万	千	百	十	元	角	分	亿	千	百	十	万	千	百	十	元	角	分	
附件　张	合　计																							

会计主管　　　　　记账　　　　　出纳　　　　　审核　　　　　制证

记 账 凭 证

年　月　日　　　　　　　　　　　　　　　　　　字第　号

摘　　要	会计科目		借　方　金　额										贷　方　金　额										记账 √
	总账科目	明细科目	亿	千	百	十	万	千	百	十	元	角	分	亿	千	百	十	万	千	百	十	元	角	分	
附件　张	合　计																							

会计主管　　　　　记账　　　　　出纳　　　　　审核　　　　　制证

记 账 凭 证

年　月　日　　　　　　　　　　　　　　　字第　　号

摘　　要	会计科目		借　方　金　额										贷　方　金　额										记账√
	总账科目	明细科目	亿	千	百	十	万	千	百	十	元	角	分	亿	千	百	十	万	千	百	十	元	角	分	
附件　　张	合　　计																							

会计主管　　　　　　记账　　　　　　出纳　　　　　　审核　　　　　　制证

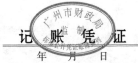

记 账 凭 证

年　月　日　　　　　　　　　　　　　　　字第　　号

摘　　要	会计科目		借　方　金　额										贷　方　金　额										记账√
	总账科目	明细科目	亿	千	百	十	万	千	百	十	元	角	分	亿	千	百	十	万	千	百	十	元	角	分	
附件　　张	合　　计																							

会计主管　　　　　　记账　　　　　　出纳　　　　　　审核　　　　　　制证

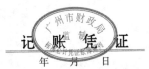

记 账 凭 证

年　月　日　　　　　　　　　　　　　　　　　字第　号

摘　要	会计科目		借　方　金　额										贷　方　金　额										记账√
	总账科目	明细科目	亿	千	百	十	万	千	百	十	元	角	分	亿	千	百	十	万	千	百	十	元	角	分	
附件　张	合　计																								

会计主管　　　　　记账　　　　　出纳　　　　　审核　　　　　制证

记 账 凭 证

年　月　日　　　　　　　　　　　　　　　　　字第　号

摘　要	会计科目		借　方　金　额										贷　方　金　额										记账√
	总账科目	明细科目	亿	千	百	十	万	千	百	十	元	角	分	亿	千	百	十	万	千	百	十	元	角	分	
附件　张	合　计																								

会计主管　　　　　记账　　　　　出纳　　　　　审核　　　　　制证

记 账 凭 证

年 月 日　　　　　　　　　　　字第　号

摘　要	会计科目		借　方　金　额											贷　方　金　额											记账√
	总账科目	明细科目	亿	千	百	十	万	千	百	十	元	角	分	亿	千	百	十	万	千	百	十	元	角	分	
附件　张	合　计																								

会计主管　　　　　记账　　　　　出纳　　　　　审核　　　　　制证

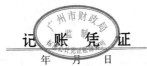

记 账 凭 证

年 月 日　　　　　　　　　　　字第　号

摘　要	会计科目		借　方　金　额											贷　方　金　额											记账√
	总账科目	明细科目	亿	千	百	十	万	千	百	十	元	角	分	亿	千	百	十	万	千	百	十	元	角	分	
附件　张	合　计																								

会计主管　　　　　记账　　　　　出纳　　　　　审核　　　　　制证

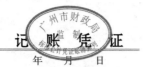

记 账 凭 证

年　　月　　日　　　　　　　　　　　　　字第　　号

摘　　要	会计科目		借　方　金　额										贷　方　金　额										记账√
	总账科目	明细科目	亿	千	百	十	万	千	百	十	元	角	分	亿	千	百	十	万	千	百	十	元	角	分	
附件　　张	合　　计																								

会计主管　　　　　　记账　　　　　　　　出纳　　　　　　　审核　　　　　　　制证

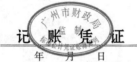

记 账 凭 证

年　　月　　日　　　　　　　　　　　　　字第　　号

摘　　要	会计科目		借　方　金　额										贷　方　金　额										记账√
	总账科目	明细科目	亿	千	百	十	万	千	百	十	元	角	分	亿	千	百	十	万	千	百	十	元	角	分	
附件　　张	合　　计																								

会计主管　　　　　　记账　　　　　　　　出纳　　　　　　　审核　　　　　　　制证

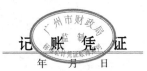

记　账　凭　证

年　　月　　日　　　　　　　　　　　　　　　　　字第　　号

摘　　要	会计科目		借　方　金　额											贷　方　金　额											记账√
	总账科目	明细科目	亿	千	百	十	万	千	百	十	元	角	分	亿	千	百	十	万	千	百	十	元	角	分	
附件　　张	合　　计																								

会计主管　　　　　　　记账　　　　　　　　出纳　　　　　　　　审核　　　　　　　制证

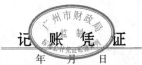

记　账　凭　证

年　　月　　日　　　　　　　　　　　　　　　　　字第　　号

摘　　要	会计科目		借　方　金　额											贷　方　金　额											记账√
	总账科目	明细科目	亿	千	百	十	万	千	百	十	元	角	分	亿	千	百	十	万	千	百	十	元	角	分	
附件　　张	合　　计																								

会计主管　　　　　　　记账　　　　　　　　出纳　　　　　　　　审核　　　　　　　制证

记 账 凭 证

年   月   日   字第   号

摘 要	会计科目		借 方 金 额											贷 方 金 额											记账
	总账科目	明细科目	亿	千	百	十	万	千	百	十	元	角	分	亿	千	百	十	万	千	百	十	元	角	分	√
附件 张	合 计																								

会计主管   记账   出纳   审核   制证

记 账 凭 证

年   月   日   字第   号

摘 要	会计科目		借 方 金 额											贷 方 金 额											记账
	总账科目	明细科目	亿	千	百	十	万	千	百	十	元	角	分	亿	千	百	十	万	千	百	十	元	角	分	√
附件 张	合 计																								

会计主管   记账   出纳   审核   制证

记 账 凭 证

年　月　日　　　　　　　　　　　　　　　字第　　号

摘　要	会计科目		借　方　金　额										贷　方　金　额										记账√
	总账科目	明细科目	亿	千	百	十	万	千	百	十	元	角	分	亿	千	百	十	万	千	百	十	元	角	分	
附件　张	合　计																							

会计主管　　　　　　记账　　　　　　　出纳　　　　　　　审核　　　　　　　制证

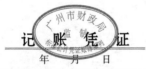

记 账 凭 证

年　月　日　　　　　　　　　　　　　　　字第　　号

摘　要	会计科目		借　方　金　额										贷　方　金　额										记账√
	总账科目	明细科目	亿	千	百	十	万	千	百	十	元	角	分	亿	千	百	十	万	千	百	十	元	角	分	
附件　张	合　计																							

会计主管　　　　　　记账　　　　　　　出纳　　　　　　　审核　　　　　　　制证

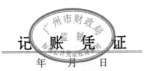

记 账 凭 证

年　月　日　　　　　　　　　　　　　字第　号

摘　要	会计科目		借　方　金　额										贷　方　金　额										记账√
	总账科目	明细科目	亿	千	百	十	万	千	百	十	元	角	分	亿	千	百	十	万	千	百	十	元	角	分	
附件　张	合　计																								

会计主管　　　　　　记账　　　　　　　　出纳　　　　　　　审核　　　　　　　制证

记 账 凭 证

年　月　日　　　　　　　　　　　　　字第　号

摘　要	会计科目		借　方　金　额										贷　方　金　额										记账√
	总账科目	明细科目	亿	千	百	十	万	千	百	十	元	角	分	亿	千	百	十	万	千	百	十	元	角	分	
附件　张	合　计																								

会计主管　　　　　　记账　　　　　　　　出纳　　　　　　　审核　　　　　　　制证

记　账　凭　证

　　　　年　月　日　　　　　　　　　　　　　字第　　号

摘　　要	会计科目		借　方　金　额										贷　方　金　额										记账√
	总账科目	明细科目	亿	千	百	十	万	千	百	十	元	角	分	亿	千	百	十	万	千	百	十	元	角	分	
附件　　张	合　　计																							

会计主管　　　　　　记账　　　　　　出纳　　　　　　审核　　　　　　制证

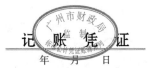

记　账　凭　证

　　　　年　月　日　　　　　　　　　　　　　字第　　号

摘　　要	会计科目		借　方　金　额										贷　方　金　额										记账√
	总账科目	明细科目	亿	千	百	十	万	千	百	十	元	角	分	亿	千	百	十	万	千	百	十	元	角	分	
附件　　张	合　　计																							

会计主管　　　　　　记账　　　　　　出纳　　　　　　审核　　　　　　制证

普通高等教育"十三五"规划教材·会计系列

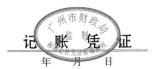

记 账 凭 证

年　月　日　　　　　　　　　　　　　字第　　号

摘　要	会计科目		借　方　金　额										贷　方　金　额										记账√
	总账科目	明细科目	亿	千	百	十	万	千	百	十	元	角	分	亿	千	百	十	万	千	百	十	元	角	分	
附件　　张	合　　计																							

会计主管　　　　　　　记账　　　　　　　出纳　　　　　　　审核　　　　　　　制证

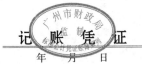

记 账 凭 证

年　月　日　　　　　　　　　　　　　字第　　号

摘　要	会计科目		借　方　金　额										贷　方　金　额										记账√
	总账科目	明细科目	亿	千	百	十	万	千	百	十	元	角	分	亿	千	百	十	万	千	百	十	元	角	分	
附件　　张	合　　计																							

会计主管　　　　　　　记账　　　　　　　出纳　　　　　　　审核　　　　　　　制证

记　账　凭　证

年　月　日　　　　　　　　　　　　　　　　字第　号

摘　　要	会计科目		借　方　金　额											贷　方　金　额											记账√
	总账科目	明细科目	亿	千	百	十	万	千	百	十	元	角	分	亿	千	百	十	万	千	百	十	元	角	分	
附件　张	合　　计																								

会计主管　　　　　　记账　　　　　　出纳　　　　　　审核　　　　　　制证

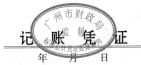

记　账　凭　证

年　月　日　　　　　　　　　　　　　　　　字第　号

摘　　要	会计科目		借　方　金　额											贷　方　金　额											记账√
	总账科目	明细科目	亿	千	百	十	万	千	百	十	元	角	分	亿	千	百	十	万	千	百	十	元	角	分	
附件　张	合　　计																								

会计主管　　　　　　记账　　　　　　出纳　　　　　　审核　　　　　　制证

普通高等教育"十三五"规划教材·会计系列

记 账 凭 证

年　月　日   字第　号

摘　要	会计科目		借　方　金　额											贷　方　金　额											记账√
	总账科目	明细科目	亿	千	百	十	万	千	百	十	元	角	分	亿	千	百	十	万	千	百	十	元	角	分	
附件　张	合　计																								

会计主管　　　　　记账　　　　　　　出纳　　　　　　　审核　　　　　　　制证

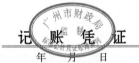

记 账 凭 证

年　月　日   字第　号

摘　要	会计科目		借　方　金　额											贷　方　金　额											记账√
	总账科目	明细科目	亿	千	百	十	万	千	百	十	元	角	分	亿	千	百	十	万	千	百	十	元	角	分	
附件　张	合　计																								

会计主管　　　　　记账　　　　　　　出纳　　　　　　　审核　　　　　　　制证

记 账 凭 证

年　月　日　　　　　　　　　　　　　　　　字第　　号

摘　要	会计科目		借 方 金 额											贷 方 金 额											记账√
	总账科目	明细科目	亿	千	百	十	万	千	百	十	元	角	分	亿	千	百	十	万	千	百	十	元	角	分	
附件　　张	合　　计																								

会计主管　　　　　　记账　　　　　　　　出纳　　　　　　　　审核　　　　　　　　制证

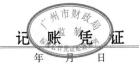

记 账 凭 证

年　月　日　　　　　　　　　　　　　　　　字第　　号

摘　要	会计科目		借 方 金 额											贷 方 金 额											记账√
	总账科目	明细科目	亿	千	百	十	万	千	百	十	元	角	分	亿	千	百	十	万	千	百	十	元	角	分	
附件　　张	合　　计																								

会计主管　　　　　　记账　　　　　　　　出纳　　　　　　　　审核　　　　　　　　制证

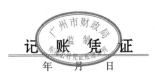

记账凭证

年　月　日　　　　　　　　　　　　　　　　字第　　号

摘　要	会计科目		借　方　金　额											贷　方　金　额											记账√
	总账科目	明细科目	亿	千	百	十	万	千	百	十	元	角	分	亿	千	百	十	万	千	百	十	元	角	分	
附件　　张	合　　计																								

会计主管　　　　　　　记账　　　　　　　　出纳　　　　　　　　审核　　　　　　　　制证

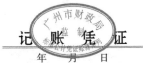

记账凭证

年　月　日　　　　　　　　　　　　　　　　字第　　号

摘　要	会计科目		借　方　金　额											贷　方　金　额											记账√
	总账科目	明细科目	亿	千	百	十	万	千	百	十	元	角	分	亿	千	百	十	万	千	百	十	元	角	分	
附件　　张	合　　计																								

会计主管　　　　　　　记账　　　　　　　　出纳　　　　　　　　审核　　　　　　　　制证

记 账 凭 证

年 月 日

字第 号

摘 要	会计科目		借 方 金 额											贷 方 金 额											记账√
	总账科目	明细科目	亿	千	百	十	万	千	百	十	元	角	分	亿	千	百	十	万	千	百	十	元	角	分	
附件 张	合 计																								

会计主管 记账 出纳 审核 制证

记 账 凭 证

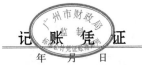

年 月 日

字第 号

摘 要	会计科目		借 方 金 额											贷 方 金 额											记账√
	总账科目	明细科目	亿	千	百	十	万	千	百	十	元	角	分	亿	千	百	十	万	千	百	十	元	角	分	
附件 张	合 计																								

会计主管 记账 出纳 审核 制证

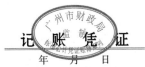

记 账 凭 证

年 月 日   字第   号

摘　要	会计科目		借　方　金　额											贷　方　金　额											记账√
	总账科目	明细科目	亿	千	百	十	万	千	百	十	元	角	分	亿	千	百	十	万	千	百	十	元	角	分	
附件　张	合　计																								

会计主管　　　　　记账　　　　　　　出纳　　　　　　　审核　　　　　　　制证

记 账 凭 证

年 月 日   字第   号

摘　要	会计科目		借　方　金　额											贷　方　金　额											记账√
	总账科目	明细科目	亿	千	百	十	万	千	百	十	元	角	分	亿	千	百	十	万	千	百	十	元	角	分	
附件　张	合　计																								

会计主管　　　　　记账　　　　　　　出纳　　　　　　　审核　　　　　　　制证

普通高等教育"十三五"规划教材·会计系列

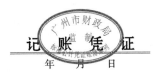

记 账 凭 证

年　月　日　　　　　　　　　　　　　字第　号

摘　要	会计科目		借　方　金　额											贷　方　金　额											记账√
	总账科目	明细科目	亿	千	百	十	万	千	百	十	元	角	分	亿	千	百	十	万	千	百	十	元	角	分	
附件　张	合　计																								

会计主管　　　　记账　　　　　出纳　　　　　审核　　　　　制证

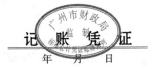

记 账 凭 证

年　月　日　　　　　　　　　　　　　字第　号

摘　要	会计科目		借　方　金　额											贷　方　金　额											记账√
	总账科目	明细科目	亿	千	百	十	万	千	百	十	元	角	分	亿	千	百	十	万	千	百	十	元	角	分	
附件　张	合　计																								

会计主管　　　　记账　　　　　出纳　　　　　审核　　　　　制证

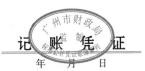

记 账 凭 证

年　月　日　　　　　　　　　　字第　号

摘　要	会计科目		借　方　金　额											贷　方　金　额											记账√
	总账科目	明细科目	亿	千	百	十	万	千	百	十	元	角	分	亿	千	百	十	万	千	百	十	元	角	分	
附件　张	合　计																								

会计主管　　　　记账　　　　　　出纳　　　　　　审核　　　　　　制证

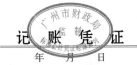

记 账 凭 证

年　月　日　　　　　　　　　　字第　号

摘　要	会计科目		借　方　金　额											贷　方　金　额											记账√
	总账科目	明细科目	亿	千	百	十	万	千	百	十	元	角	分	亿	千	百	十	万	千	百	十	元	角	分	
附件　张	合　计																								

会计主管　　　　记账　　　　　　出纳　　　　　　审核　　　　　　制证

记 账 凭 证

年　月　日　　　　　　　　　　　　　　　　　　字第　号

摘　要	会计科目		借　方　金　额										贷　方　金　额										记账√
	总账科目	明细科目	亿	千	百	十	万	千	百	十	元	角	分	亿	千	百	十	万	千	百	十	元	角	分
附件　张	合　　计																						

会计主管　　　　　记账　　　　　　　出纳　　　　　审核　　　　　　制证

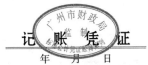

记 账 凭 证

年　月　日　　　　　　　　　　　　　　　　　　字第　号

摘　要	会计科目		借　方　金　额										贷　方　金　额										记账√
	总账科目	明细科目	亿	千	百	十	万	千	百	十	元	角	分	亿	千	百	十	万	千	百	十	元	角	分
附件　张	合　　计																						

会计主管　　　　　记账　　　　　　　出纳　　　　　审核　　　　　　制证

3. 记账凭证封面

广州市标准会计凭证系列

会 计 档 案 记 账 凭 证

核销时间:

单位名称:

06号广州佰平会计用品有限公司印制

时　间	年度　　月份　　日至　　日
卷　数	本月共　卷　　本卷是第　卷
记账凭证张数	本卷自　字第　号至　字第　号共　张

会计主管　　　　　　　　经办人

全宗号:　　　　　　　目录号:　　　　　　案卷号:

4. 有关账页

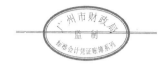

账号	总页码
页次	

账户名称：_____

年		凭证编号	摘要	借（增加）方											√	贷（减少）方											√	借或贷	余　额											核对
月	日			十	亿	千	百	十	万	千	百	十	元	角	分		十	亿	千	百	十	万	千	百	十	元	角	分			十	亿	千	百	十	万	千	百	十	元	角	分	

三栏账

账号		总页码	
页次			

账户名称：..

年		凭证编号	摘　要	借（增加）方											√	贷（减少）方											√	借或贷	余　额											核对
月	日			十	亿	千	百	十	万	千	百	十	元	角	分		十	亿	千	百	十	万	千	百	十	元	角	分			十	亿	千	百	十	万	千	百	十	元	角	分	

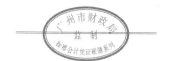

账号	总页码
页次	

账户名称：_____

三栏账

年		凭证编号	摘　要	借（增加）方											√	贷（减少）方											√	借或贷	余　额											核对
月	日			十	亿	千	百	十	万	千	百	十	元	角	分		十	亿	千	百	十	万	千	百	十	元	角	分			十	亿	千	百	十	万	千	百	十	元	角	分	

账号	总页码
页次	

账户名称：_____

年		凭证编号	摘　要	借（增加）方											√	贷（减少）方											√	借或贷	余　额											核对
月	日			十	亿	千	百	十	万	千	百	十	元	角	分		十	亿	千	百	十	万	千	百	十	元	角	分			十	亿	千	百	十	万	千	百	十	元	角	分	

账户名称：．．．．．．．．．．．．．．．．．．．．．

年		凭证编号	摘要	借（增加）方											√	贷（减少）方											√	借或贷	余　额											核对
月	日			十	亿	千	百	十	万	千	百	十	元	角	分		十	亿	千	百	十	万	千	百	十	元	角	分			十	亿	千	百	十	万	千	百	十	元	角	分	

三栏账

账号		总页码	
页次			

账户名称：............................

年		凭证编号	摘　要	借（增加）方										√	贷（减少）方										√	借或贷	余　额										核对
月	日			十	亿	千	百	十	万	千	百	十	元	角	分	十	亿	千	百	十	万	千	百	十	元	角	分		十	亿	千	百	十	万	千	百	十	元	角	分	

| | | | | 账号 | 总页码 | |
| | | | | 页次 | | |

账户名称：-------------------------

年		凭证编号	摘 要	借（增加）方		∨	贷（减少）方		∨	借或贷	余 额		核对
月	日			十亿千百十万千百十元角分			十亿千百十万千百十元角分				十亿千百十万千百十元角分		

三栏账

账号		总页码	
页次			

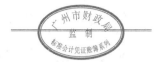

账户名称：..............................

年		凭证编号	摘　要	借（增加）方										√	贷（减少）方										√	借或贷	余　　额										核对
月	日			十	亿	千	百	十	万	千	百	十	元	角	分	十	亿	千	百	十	万	千	百	十	元	角	分	十	亿	千	百	十	万	千	百	十	元	角	分

账号		总页码
页次		

账户名称：......................................

三栏账

年		凭证编号	摘　要	借（增加）方											√	贷（减少）方											√	借或贷	余　额											核对
月	日			十	亿	千	百	十	万	千	百	十	元	角	分		十	亿	千	百	十	万	千	百	十	元	角	分			十	亿	千	百	十	万	千	百	十	元	角	分	

账号	总页码
页次	

账户名称：------------------------------

年		凭证编号	摘　要	借（增加）方											√	贷（减少）方											√	借或贷	余　额											核对
月	日			十	亿	千	百	十	万	千	百	十	元	角	分		十	亿	千	百	十	万	千	百	十	元	角	分			十	亿	千	百	十	万	千	百	十	元	角	分	

账号	总页码
页次	

账户名称：.........................

年		凭证编号	摘　要	借（增加）方											√	贷（减少）方											√	借或贷	余　额											核对
月	日			十	亿	千	百	十	万	千	百	十	元	角	分		十	亿	千	百	十	万	千	百	十	元	角	分			十	亿	千	百	十	万	千	百	十	元	角	分	

三栏账

账号	总页码
页次	

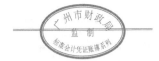

账户名称：..........................

年		凭证编号	摘　要	借（增加）方											√	贷（减少）方											√	借或贷	余　额											核对
月	日			十	亿	千	百	十	万	千	百	十	元	角	分		十	亿	千	百	十	万	千	百	十	元	角	分			十	亿	千	百	十	万	千	百	十	元	角	分	

账号		总页码	
页次			

账户名称：................................

三栏账

年		凭证编号	摘　要	借（增加）方											✓	贷（减少）方											✓	借或贷	余　　额											核对
月	日			十	亿	千	百	十	万	千	百	十	元	角	分		十	亿	千	百	十	万	千	百	十	元	角	分			十	亿	千	百	十	万	千	百	十	元	角	分	

账号	总页码	
页次		

账户名称：.............................

年		凭证编号	摘 要	借（增加）方										√	贷（减少）方										√	借或贷	余 额										核对
月	日			十	亿	千	百	十	万	千	百	十	元	角	分		十	亿	千	百	十	万	千	百	十	元	角	分			十	亿	千	百	十	万	千	百	十	元	角	分	

账号		总页码
页次		

账户名称：..............................

年		凭证编号	摘 要	借（增加）方										√	贷（减少）方										√	借或贷	余 额										核对
月	日			十	亿	千	百	十	万	千	百	十	元	角	分	十	亿	千	百	十	万	千	百	十	元	角	分	十	亿	千	百	十	万	千	百	十	元	角	分	

三栏账

账号	总页码
页次	

账户名称：.............................

年		凭证编号	摘 要	借（增加）方											√	贷（减少）方											√	借或贷	余 额											核对
月	日			十	亿	千	百	十	万	千	百	十	元	角	分		十	亿	千	百	十	万	千	百	十	元	角	分			十	亿	千	百	十	万	千	百	十	元	角	分	

账号		总页码
页次		

账户名称：............................

年		凭证编号	摘　要	借（增加）方	√	贷（减少）方	√	借或贷	余　额	核对
月	日			十亿千百十万千百十元角分		十亿千百十万千百十元角分			十亿千百十万千百十元角分	

三栏账

账号	总页码
页次	

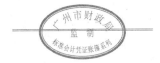

账户名称：_____

年		凭证编号	摘　要	借（增加）方										√	贷（减少）方										√	借或贷	余　额										核对
月	日			十	亿	千	百	十	万	千	百	十	元	角	分	十	亿	千	百	十	万	千	百	十	元	角	分		十	亿	千	百	十	万	千	百	十	元	角	分

账号		总页码	
页次			

账户名称：_____

年		凭证编号	摘 要	借（增加）方										√	贷（减少）方										√	借或贷	余 额										核对
月	日			十	亿	千	百	十	万	千	百	十	元	角	分		十	亿	千	百	十	万	千	百	十	元	角	分			十	亿	千	百	十	万	千	百	十	元	角	分	

三栏账

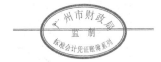

账号	总页码
页次	

账户名称：……………………………………

年		凭证编号	摘　要	借（增加）方											√	贷（减少）方											√	借或贷	余　额											核对
月	日			十	亿	千	百	十	万	千	百	十	元	角	分		十	亿	千	百	十	万	千	百	十	元	角	分			十	亿	千	百	十	万	千	百	十	元	角	分	

账号		总页码
页次		

账户名称：_____

年		凭证编号	摘　要	借（增加）方											√	贷（减少）方											√	借或贷	余　额											核对
月	日			十	亿	千	百	十	万	千	百	十	元	角	分		十	亿	千	百	十	万	千	百	十	元	角	分			十	亿	千	百	十	万	千	百	十	元	角	分	

三栏账

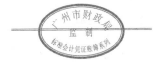

账号	总页码
页次	

账户名称：----------------------

年		凭证编号	摘　要	借（增加）方										√	贷（减少）方										√	借或贷	余　额										核对
月	日			十	亿	千	百	十	万	千	百	十	元	角	分		十	亿	千	百	十	万	千	百	十	元	角	分			十	亿	千	百	十	万	千	百	十	元	角	分	

账号		总页码	
页次			

账户名称：_____

年		凭证编号	摘　要	借（增加）方										∨	贷（减少）方										借或贷	余　额										核对
月	日			十	亿	千	百	十	万	千	百	十	元	角	分		十	亿	千	百	十	万	千	百	十	元	角	分		十	亿	千	百	十	万	千	百	十	元	角	分	

三栏账

账号		总页码	
页次			

账户名称：......................

年		凭证编号	摘　要	借（增加）方										∨	贷（减少）方										∨	借或贷	余　额										核对
月	日			十	亿	千	百	十	万	千	百	十	元	角	分	十	亿	千	百	十	万	千	百	十	元	角	分	十	亿	千	百	十	万	千	百	十	元	角	分

广州市财政局
监制
标准会计凭证账簿系列

账号		总页码
页次		

账户名称：............................

三栏账

年		凭证编号	摘　要	借（增加）方										√	贷（减少）方										√	借或贷	余　额										核对
月	日			十	亿	千	百	十	万	千	百	十	元	角	分		十	亿	千	百	十	万	千	百	十	元	角	分			十	亿	千	百	十	万	千	百	十	元	角	分	

账号	总页码
页次	

账户名称：...........................

年		凭证编号	摘　要	借（增加）方											√	贷（减少）方											√	借或贷	余　额											核对
月	日			十	亿	千	百	十	万	千	百	十	元	角	分		十	亿	千	百	十	万	千	百	十	元	角	分			十	亿	千	百	十	万	千	百	十	元	角	分	

账号		总页码	
页次			

账户名称：........................

年		凭证编号	摘要	借（增加）方											√	贷（减少）方											√	借或贷	余 额											核对
月	日			十	亿	千	百	十	万	千	百	十	元	角	分		十	亿	千	百	十	万	千	百	十	元	角	分			十	亿	千	百	十	万	千	百	十	元	角	分	

三栏账

账号	总页码
页次	

账户名称：------------------------------

年		凭证编号	摘　要	借（增加）方										√	贷（减少）方										√	借或贷	余　额										核对
月	日			十	亿	千	百	十	万	千	百	十	元	角	分	十	亿	千	百	十	万	千	百	十	元	角	分		十	亿	千	百	十	万	千	百	十	元	角	分	

账号		总页码
页次		

账户名称：_____

年		凭证编号	摘　要	借（增加）方											√	贷（减少）方											√	借或贷	余　额											核对
月	日			十	亿	千	百	十	万	千	百	十	元	角	分		十	亿	千	百	十	万	千	百	十	元	角	分			十	亿	千	百	十	万	千	百	十	元	角	分	

三栏账

账号	总页码
页次	

账户名称：--------------------------

年		凭证编号	摘　要	借（增加）方										√	贷（减少）方										√	借或贷	余　额										核对
月	日			十	亿	千	百	十	万	千	百	十	元	角	分		十	亿	千	百	十	万	千	百	十	元	角	分			十	亿	千	百	十	万	千	百	十	元	角	分	

账号		总页码
页次		

账户名称：--------------------------

三栏账

年		凭证编号	摘　要	借（增加）方										√	贷（减少）方										√	借或贷	余　额										核对
月	日			十	亿	千	百	十	万	千	百	十	元	角	分		十	亿	千	百	十	万	千	百	十	元	角	分			十	亿	千	百	十	万	千	百	十	元	角	分	

账号	总页码
页次	

账户名称：............................

年		凭证编号	摘　要	借（增加）方										√	贷（减少）方										√	借或贷	余　　额										核对
月	日			十	亿	千	百	十	万	千	百	十	元	角	分		十	亿	千	百	十	万	千	百	十	元	角	分			十	亿	千	百	十	万	千	百	十	元	角	分	

账户名称：..........................

| 账号 | | 总页码 | |
| 页次 | | | |

三栏账

年		凭证编号	摘　要	借（增加）方											√	贷（减少）方											√	借或贷	余　额											核对
月	日			十	亿	千	百	十	万	千	百	十	元	角	分		十	亿	千	百	十	万	千	百	十	元	角	分			十	亿	千	百	十	万	千	百	十	元	角	分	

账号		总页码	
页次			

账户名称：.........................

年		凭证编号	摘　要	借（增加）方											√	贷（减少）方											√	借或贷	余　额											核对
月	日			十	亿	千	百	十	万	千	百	十	元	角	分		十	亿	千	百	十	万	千	百	十	元	角	分			十	亿	千	百	十	万	千	百	十	元	角	分	

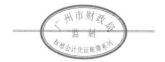

账号	总页码
页次	

账户名称：.............................

年		凭证编号	摘　要	借（增加）方										√	贷（减少）方										√	借或贷	余　额										核对
月	日			十	亿	千	百	十	万	千	百	十	元	角	分		十	亿	千	百	十	万	千	百	十	元	角	分			十	亿	千	百	十	万	千	百	十	元	角	分	

三栏账

账号	总页码
页次	

账户名称：⋯⋯⋯⋯⋯⋯⋯⋯⋯⋯⋯

年		凭证编号	摘　要	借（增加）方										√	贷（减少）方										√	借或贷	余　额										核对
月	日			十	亿	千	百	十	万	千	百	十	元	角	分		十	亿	千	百	十	万	千	百	十	元	角	分			十	亿	千	百	十	万	千	百	十	元	角	分	

| 账号 | | 总页码 | |
| 页次 | | | |

账户名称：_____

三栏账

| 年 | | 凭证编号 | 摘　要 | 借（增加）方 | | | | | | | | | | √ | 贷（减少）方 | | | | | | | | | | √ | 借或贷 | 余　额 | | | | | | | | | | 核对 |
| 月 | 日 | | | 十 | 亿 | 千 | 百 | 十 | 万 | 千 | 百 | 十 | 元 | 角 | 分 | | 十 | 亿 | 千 | 百 | 十 | 万 | 千 | 百 | 十 | 元 | 角 | 分 | | | 十 | 亿 | 千 | 百 | 十 | 万 | 千 | 百 | 十 | 元 | 角 | 分 | |

账号	总页码
页次	

账户名称：..........................

年		凭证编号	摘　要	借（增加）方										√	贷（减少）方										√	借或贷	余　额										核对
月	日			十	亿	千	百	十	万	千	百	十	元	角	分	十	亿	千	百	十	万	千	百	十	元	角	分		十	亿	千	百	十	万	千	百	十	元	角	分	

账号		总页码	
页次			

账户名称：.............................

<table>
<tr>
<td colspan="2">年</td>
<td rowspan="2">凭证
编号</td>
<td rowspan="2">摘　要</td>
<td colspan="12">借（增加）方</td>
<td rowspan="2">√</td>
<td colspan="12">贷（减少）方</td>
<td rowspan="2">√</td>
<td rowspan="2">借
或
贷</td>
<td colspan="12">余　额</td>
<td rowspan="2">核
对</td>
</tr>
<tr>
<td>月</td>
<td>日</td>
<td>十</td><td>亿</td><td>千</td><td>百</td><td>十</td><td>万</td><td>千</td><td>百</td><td>十</td><td>元</td><td>角</td><td>分</td>
<td>十</td><td>亿</td><td>千</td><td>百</td><td>十</td><td>万</td><td>千</td><td>百</td><td>十</td><td>元</td><td>角</td><td>分</td>
<td>十</td><td>亿</td><td>千</td><td>百</td><td>十</td><td>万</td><td>千</td><td>百</td><td>十</td><td>元</td><td>角</td><td>分</td>
</tr>
</table>

三栏账

账号	总页码
页次	

账户名称：.........................

年		凭证编号	摘要	借（增加）方											√	贷（减少）方											√	借或贷	余　额											核对
月	日			十	亿	千	百	十	万	千	百	十	元	角	分		十	亿	千	百	十	万	千	百	十	元	角	分			十	亿	千	百	十	万	千	百	十	元	角	分	

	账号		总页码	
	页次			

账户名称：_____

年		凭证编号	摘 要	借（增加）方											√	贷（减少）方											√	借或贷	余 额											核对
月	日			十	亿	千	百	十	万	千	百	十	元	角	分		十	亿	千	百	十	万	千	百	十	元	角	分			十	亿	千	百	十	万	千	百	十	元	角	分	

三栏账

账号		总页码	
页次			

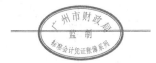

账户名称：......................

年		凭证编号	摘要	借（增加）方										√	贷（减少）方										√	借或贷	余　额										核对
月	日			十	亿	千	百	十	万	千	百	十	元	角	分		十	亿	千	百	十	万	千	百	十	元	角	分			十	亿	千	百	十	万	千	百	十	元	角	分	

账号		总页码	
页次			

账户名称：............................

年		凭证编号	摘　要	借（增加）方											√	贷（减少）方											√	借或贷	余　　额											核对
月	日			十	亿	千	百	十	万	千	百	十	元	角	分		十	亿	千	百	十	万	千	百	十	元	角	分			十	亿	千	百	十	万	千	百	十	元	角	分	

三栏账

普通高等教育"十三五"规划教材·会计系列

账号	总页码
页次	

账户名称：...............

年		凭证编号	摘　要	借（增加）方											√	贷（减少）方											√	借或贷	余　额											核对
月	日			十	亿	千	百	十	万	千	百	十	元	角	分		十	亿	千	百	十	万	千	百	十	元	角	分			十	亿	千	百	十	万	千	百	十	元	角	分	

				账号		总页码	
				页次			

广州市财政局
监制

账户名称：.........................

年		凭证编号	摘　要	借（增加）方											√	贷（减少）方											√	借或贷	余　额											核对
月	日			十	亿	千	百	十	万	千	百	十	元	角	分		十	亿	千	百	十	万	千	百	十	元	角	分			十	亿	千	百	十	万	千	百	十	元	角	分	

三栏账

账号		总页码	
页次			

账户名称：............................

年		凭证编号	摘　要	借（增加）方											√	贷（减少）方											√	借或贷	余　额											核对
月	日			十	亿	千	百	十	万	千	百	十	元	角	分		十	亿	千	百	十	万	千	百	十	元	角	分			十	亿	千	百	十	万	千	百	十	元	角	分	

账号		总页码
页次		

账户名称：——————————————

年		凭证编号	摘　要	借（增加）方										√	贷（减少）方										√	借或贷	余　额										核对
月	日			十	亿	千	百	十	万	千	百	十	元	角	分	十	亿	千	百	十	万	千	百	十	元	角	分		十	亿	千	百	十	万	千	百	十	元	角	分	

三栏账

账号	总页码
页次	

账户名称：------------------------------

<table>
<tr>
<td colspan="2">年</td>
<td rowspan="2">凭证
编号</td>
<td rowspan="2">摘　要</td>
<td colspan="11">借（增加）方</td>
<td rowspan="2">√</td>
<td colspan="11">贷（减少）方</td>
<td rowspan="2">√</td>
<td rowspan="2">借
或
贷</td>
<td colspan="11">余　额</td>
<td rowspan="2">核
对</td>
</tr>
<tr>
<td>月</td><td>日</td>
<td>十</td><td>亿</td><td>千</td><td>百</td><td>十</td><td>万</td><td>千</td><td>百</td><td>十</td><td>元</td><td>角</td><td>分</td>
<td>十</td><td>亿</td><td>千</td><td>百</td><td>十</td><td>万</td><td>千</td><td>百</td><td>十</td><td>元</td><td>角</td><td>分</td>
<td>十</td><td>亿</td><td>千</td><td>百</td><td>十</td><td>万</td><td>千</td><td>百</td><td>十</td><td>元</td><td>角</td><td>分</td>
</tr>
<tr><td></td><td></td><td></td><td></td><td></td><td></td><td></td><td></td><td></td><td></td><td></td><td></td><td></td><td></td><td></td><td></td><td></td><td></td><td></td><td></td><td></td><td></td><td></td><td></td><td></td><td></td><td></td><td></td><td></td><td></td><td></td><td></td><td></td><td></td><td></td><td></td><td></td><td></td><td></td><td></td></tr>
<tr><td></td><td></td><td></td><td></td><td></td><td></td><td></td><td></td><td></td><td></td><td></td><td></td><td></td><td></td><td></td><td></td><td></td><td></td><td></td><td></td><td></td><td></td><td></td><td></td><td></td><td></td><td></td><td></td><td></td><td></td><td></td><td></td><td></td><td></td><td></td><td></td><td></td><td></td><td></td><td></td></tr>
<tr><td></td><td></td><td></td><td></td><td></td><td></td><td></td><td></td><td></td><td></td><td></td><td></td><td></td><td></td><td></td><td></td><td></td><td></td><td></td><td></td><td></td><td></td><td></td><td></td><td></td><td></td><td></td><td></td><td></td><td></td><td></td><td></td><td></td><td></td><td></td><td></td><td></td><td></td><td></td><td></td></tr>
</table>

账号		总页码	
页次			

账户名称：.............................

年		凭证编号	摘　要	借（增加）方	√	贷（减少）方	√	借或贷	余　额	核对
月	日			十亿千百十万千百十元角分		十亿千百十万千百十元角分			十亿千百十万千百十元角分	

三栏账

账号		总页码	
页次			

账户名称：_____

年		凭证编号	摘　要	借（增加）方										√	贷（减少）方										√	借或贷	余　额										核对
月	日			十	亿	千	百	十	万	千	百	十	元	角	分	十	亿	千	百	十	万	千	百	十	元	角	分		十	亿	千	百	十	万	千	百	十	元	角	分	

	账号	总页码
	页次	

账户名称：_____

年		凭证编号	摘　要	借（增加）方										√	贷（减少）方										√	借或贷	余　额										核对
月	日			十	亿	千	百	十	万	千	百	十	元	角	分		十	亿	千	百	十	万	千	百	十	元	角	分			十	亿	千	百	十	万	千	百	十	元	角	分	

账号		总页码	
页次			

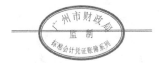

账户名称：........................

年		凭证编号	摘　要	借（增加）方										√	贷（减少）方										√	借或贷	余　额										核对
月	日			十	亿	千	百	十	万	千	百	十	元	角	分		十	亿	千	百	十	万	千	百	十	元	角	分			十	亿	千	百	十	万	千	百	十	元	角	分	

账户名称:................

账号		总页码	
页次			

年		凭证编号	摘　要	借（增加）方											√	贷（减少）方											√	借或贷	余　额											核对
月	日			十	亿	千	百	十	万	千	百	十	元	角	分		十	亿	千	百	十	万	千	百	十	元	角	分			十	亿	千	百	十	万	千	百	十	元	角	分	

三栏账

账号		总页码	
页次			

账户名称：--------------------------

年		凭证编号	摘 要	借（增加）方										√	贷（减少）方										√	借或贷	余 额										核对
月	日			十	亿	千	百	十	万	千	百	十	元	角	分	十	亿	千	百	十	万	千	百	十	元	角	分		十	亿	千	百	十	万	千	百	十	元	角	分

账号		总页码	
页次			

账户名称：.............................

	年		凭证编号	摘　要	借（增加）方											√	贷（减少）方											√	借或贷	余　额											核对
	月	日			十	亿	千	百	十	万	千	百	十	元	角	分		十	亿	千	百	十	万	千	百	十	元	角	分			十	亿	千	百	十	万	千	百	十	元	角	分	

三栏账

普通高等教育"十三五"规划教材·会计系列

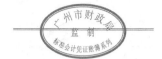

| 账号 | | 总页码 | |
| 页次 | | | |

账户名称：_____

年		凭证编号	摘 要	借（增加）方											√	贷（减少）方											√	借或贷	余 额											核对
月	日			十	亿	千	百	十	万	千	百	十	元	角	分		十	亿	千	百	十	万	千	百	十	元	角	分			十	亿	千	百	十	万	千	百	十	元	角	分	

账号	总页码
页次	

账户名称：----------------------------

年		凭证编号	摘　要	借（增加）方											√	贷（减少）方											√	借或贷	余　额											核对
月	日			十	亿	千	百	十	万	千	百	十	元	角	分		十	亿	千	百	十	万	千	百	十	元	角	分			十	亿	千	百	十	万	千	百	十	元	角	分	

三栏账

账号		总页码	
页次			

账户名称：_____

年		凭证编号	摘　要	借（增加）方										√	贷（减少）方										√	借或贷	余　额										核对
月	日			十	亿	千	百	十	万	千	百	十	元	角	分		十	亿	千	百	十	万	千	百	十	元	角	分			十	亿	千	百	十	万	千	百	十	元	角	分	

账号	总页码
页次	

账户名称: ....

年		凭证编号	摘 要	借（增加）方											√	贷（减少）方											√	借或贷	余 额											核对
月	日			十	亿	千	百	十	万	千	百	十	元	角	分		十	亿	千	百	十	万	千	百	十	元	角	分			十	亿	千	百	十	万	千	百	十	元	角	分	

三栏账

账号		总页码	
页次			

账户名称：_____

年		凭证编号	摘　要	借（增加）方											√	贷（减少）方											√	借或贷	余　　额											核对
月	日			十	亿	千	百	十	万	千	百	十	元	角	分		十	亿	千	百	十	万	千	百	十	元	角	分			十	亿	千	百	十	万	千	百	十	元	角	分	

总　账

总页码	
本户页次	

会计科目名称及编号：_____

年		凭证编号	摘　要	借（增加）方											借（减少）方											借或贷	余　额										
月	日			十	亿	千	百	十	万	千	百	十	元	角	分	十	亿	千	百	十	万	千	百	十	元	角	分		十	亿	千	百	十	万	千	百	十	元	角	分

总 页 码	
本户页次	

总　　账

会计科目名称及编号：.........................

年		凭证编号	摘　要	借（增加）方											借（减少）方											借或贷	余　额										
月	日			十	亿	千	百	十	万	千	百	十	元	角	分	十	亿	千	百	十	万	千	百	十	元	角	分		十	亿	千	百	十	万	千	百	十	元	角	分

总  账

	总 页 码	
	本户页次	

会计科目名称及编号：_____

年		凭证编号	摘　要	借（增加）方											借（减少）方											借或贷	余　额										
月	日			十	亿	千	百	十	万	千	百	十	元	角	分	十	亿	千	百	十	万	千	百	十	元	角	分	十	亿	千	百	十	万	千	百	十	元	角	分

总页码	
本户页次	

总　　账

会计科目名称及编号：--------------------------

年		凭证编号	摘　要	借（增加）方											借（减少）方											借或贷	余　额										
月	日			十	亿	千	百	十	万	千	百	十	元	角	分	十	亿	千	百	十	万	千	百	十	元	角	分	十	亿	千	百	十	万	千	百	十	元	角	分

总 账

总 页 码	
本户页次	

会计科目名称及编号: _____

年		凭证编号	摘 要	借（增加）方											借（减少）方											借或贷	余 额										
月	日			十	亿	千	百	十	万	千	百	十	元	角	分	十	亿	千	百	十	万	千	百	十	元	角	分		十	亿	千	百	十	万	千	百	十	元	角	分

总 页 码	
本户页次	

总　　账

会计科目名称及编号：----------------------

年		凭证编号	摘　要	借（增加）方											借（减少）方											借或贷	余　额										
月	日			十	亿	千	百	十	万	千	百	十	元	角	分	十	亿	千	百	十	万	千	百	十	元	角	分		十	亿	千	百	十	万	千	百	十	元	角	分

总　　账

总 页 码	
本户页次	

会计科目名称及编号：＿＿＿＿＿＿＿＿＿＿＿＿＿＿

年		凭证编号	摘　要	借（增加）方											借（减少）方											借或贷	余　额										
月	日			十	亿	千	百	十	万	千	百	十	元	角	分	十	亿	千	百	十	万	千	百	十	元	角	分		十	亿	千	百	十	万	千	百	十	元	角	分

总 页 码	
本户页次	

总　　账

会计科目名称及编号：........................

年		凭证编号	摘　要	借（增加）方										借（减少）方										借或贷	余　额									
月	日			十	亿	千	百	十	万	千	百	十	元	角	分	十	亿	千	百	十	万	千	百	十	元	角	分		十	亿	千	百	十	万	千	百	十	元	角	分

总  账

总 页 码	
本户页次	

会计科目名称及编号：_____

年		凭证编号	摘　要	借（增加）方											借（减少）方											借或贷	余　额										
月	日			十	亿	千	百	十	万	千	百	十	元	角	分	十	亿	千	百	十	万	千	百	十	元	角	分		十	亿	千	百	十	万	千	百	十	元	角	分

总 页 码	
本户页次	

总　　　　账

会计科目名称及编号：......................

年		凭证编号	摘　　要	借（增加）方										借（减少）方										借或贷	余　　额									
月	日			十	亿	千	百	十	万	千	百	十	元	角	分	十	亿	千	百	十	万	千	百	十	元	角	分		十	亿	千	百	十	万	千	百	十	元	角	分

总　账

总 页 码	
本户页次	

会计科目名称及编号：_____

年		凭证编号	摘　要	借（增加）方											借（减少）方											借或贷	余　额										
月	日			十	亿	千	百	十	万	千	百	十	元	角	分	十	亿	千	百	十	万	千	百	十	元	角	分		十	亿	千	百	十	万	千	百	十	元	角	分

总 页 码	
本户页次	

总　　账

会计科目名称及编号：------------------------------

年		凭证编号	摘　要	借（增加）方										借（减少）方										借或贷	余　额									
月	日			十	亿	千	百	十	万	千	百	十	元	角	分	十	亿	千	百	十	万	千	百	十	元	角	分		十	亿	千	百	十	万	千	百	十	元	角	分

总 账

总 页 码	
本户页次	

会计科目名称及编号：_____

年		凭证编号	摘 要	借（增加）方										借（减少）方										借或贷	余 额									
月	日			十	亿	千	百	十	万	千	百	十	元	角	分	十	亿	千	百	十	万	千	百	十	元	角	分		十	亿	千	百	十	万	千	百	十	元	角	分

总 页 码	
本户页次	

总　　　账

会计科目名称及编号：......................

年		凭证编号	摘　要	借（增加）方											借（减少）方											借或贷	余　额										
月	日			十	亿	千	百	十	万	千	百	十	元	角	分	十	亿	千	百	十	万	千	百	十	元	角	分		十	亿	千	百	十	万	千	百	十	元	角	分

总 账

总 页 码	
本户页次	

会计科目名称及编号： _____

年		凭证编号	摘 要	借（增加）方											借（减少）方											借或贷	余 额										
月	日			十	亿	千	百	十	万	千	百	十	元	角	分	十	亿	千	百	十	万	千	百	十	元	角	分		十	亿	千	百	十	万	千	百	十	元	角	分

总页码	
本户页次	

总　　账

会计科目名称及编号：_____

年		凭证编号	摘　要	借（增加）方											借（减少）方											借或贷	余　额										
月	日			十	亿	千	百	十	万	千	百	十	元	角	分	十	亿	千	百	十	万	千	百	十	元	角	分		十	亿	千	百	十	万	千	百	十	元	角	分

总  账

总 页 码	
本户页次	

会计科目名称及编号: _____

年		凭证编号	摘　要	借（增加）方											借（减少）方											借或贷	余　额										
月	日			十	亿	千	百	十	万	千	百	十	元	角	分	十	亿	千	百	十	万	千	百	十	元	角	分		十	亿	千	百	十	万	千	百	十	元	角	分

总 页 码	
本户页次	

总　　　账

会计科目名称及编号：..........................

年		凭证编号	摘　要	借（增加）方											借（减少）方											借或贷	余　额										
月	日			十	亿	千	百	十	万	千	百	十	元	角	分	十	亿	千	百	十	万	千	百	十	元	角	分		十	亿	千	百	十	万	千	百	十	元	角	分

总  账

总 页 码	
本户页次	

会计科目名称及编号：_____

年		凭证编号	摘　要	借（增加）方											借（减少）方											借或贷	余　额										
月	日			十	亿	千	百	十	万	千	百	十	元	角	分	十	亿	千	百	十	万	千	百	十	元	角	分		十	亿	千	百	十	万	千	百	十	元	角	分

总 页 码	
本户页次	

总　　账

会计科目名称及编号：_____

年		凭证编号	摘　要	借（增加）方											借（减少）方											借或贷	余　额										
月	日			十	亿	千	百	十	万	千	百	十	元	角	分	十	亿	千	百	十	万	千	百	十	元	角	分		十	亿	千	百	十	万	千	百	十	元	角	分

总　账

总 页 码	
本户页次	

会计科目名称及编号：_____

年		凭证编号	摘　要	借（增加）方											借（减少）方											借或贷	余　额										
月	日			十	亿	千	百	十	万	千	百	十	元	角	分	十	亿	千	百	十	万	千	百	十	元	角	分		十	亿	千	百	十	万	千	百	十	元	角	分

总 页 码	
本户页次	

总　　　账

会计科目名称及编号：------------------------

年		凭证编号	摘　要	借（增加）方											借（减少）方											借或贷	余　额										
月	日			十	亿	千	百	十	万	千	百	十	元	角	分	十	亿	千	百	十	万	千	百	十	元	角	分	十	亿	千	百	十	万	千	百	十	元	角	分

总   账

总 页 码	
本户页次	

会计科目名称及编号：_____

年		凭证编号	摘　要	借（增加）方											借（减少）方											借或贷	余　额										
月	日			十	亿	千	百	十	万	千	百	十	元	角	分	十	亿	千	百	十	万	千	百	十	元	角	分	十	亿	千	百	十	万	千	百	十	元	角	分

总 页 码	
本户页次	

总　　　账

会计科目名称及编号：......................

年		凭证编号	摘　要	借（增加）方										借（减少）方										借或贷	余　额									
月	日			十	亿	千	百	十	万	千	百	十	元	角	分	十	亿	千	百	十	万	千	百	十	元	角	分		十	亿	千	百	十	万	千	百	十	元	角	分

总  账

总 页 码	
本户页次	

会计科目名称及编号：......................

年		凭证编号	摘　要	借（增加）方											借（减少）方											借或贷	余　额										
月	日			十	亿	千	百	十	万	千	百	十	元	角	分	十	亿	千	百	十	万	千	百	十	元	角	分		十	亿	千	百	十	万	千	百	十	元	角	分

总 页 码	
本户页次	

总　　账

会计科目名称及编号：..........................

年		凭证编号	摘　要	借（增加）方											借（减少）方											借或贷	余　额										
月	日			十	亿	千	百	十	万	千	百	十	元	角	分	十	亿	千	百	十	万	千	百	十	元	角	分		十	亿	千	百	十	万	千	百	十	元	角	分

总  账

总页码	
本户页次	

会计科目名称及编号：_____

年		凭证编号	摘　要	借（增加）方											借（减少）方											借或贷	余　额										
月	日			十	亿	千	百	十	万	千	百	十	元	角	分	十	亿	千	百	十	万	千	百	十	元	角	分		十	亿	千	百	十	万	千	百	十	元	角	分

总　　账

总 页 码	
本户页次	

会计科目名称及编号：.........................

年		凭证编号	摘　要	借（增加）方											借（减少）方											借或贷	余　额										
月	日			十	亿	千	百	十	万	千	百	十	元	角	分	十	亿	千	百	十	万	千	百	十	元	角	分	十	亿	千	百	十	万	千	百	十	元	角	分

总  账

总 页 码	
本户页次	

会计科目名称及编号：_____

年		凭证编号	摘　要	借（增加）方											借（减少）方											借或贷	余　额										
月	日			十	亿	千	百	十	万	千	百	十	元	角	分	十	亿	千	百	十	万	千	百	十	元	角	分		十	亿	千	百	十	万	千	百	十	元	角	分

总 页 码	
本户页次	

总　　账

会计科目名称及编号：．．．．．．．．．．．．．．．．．．．．．．．．．．．

年		凭证编号	摘　要	借（增加）方											借（减少）方											借或贷	余　额										
月	日			十	亿	千	百	十	万	千	百	十	元	角	分	十	亿	千	百	十	万	千	百	十	元	角	分		十	亿	千	百	十	万	千	百	十	元	角	分

总 账

总 页 码	
本户页次	

会计科目名称及编号：_____

年		凭证编号	摘　要	借（增加）方												借（减少）方												借或贷	余　额											
月	日			十	亿	千	百	十	万	千	百	十	元	角	分	十	亿	千	百	十	万	千	百	十	元	角	分		十	亿	千	百	十	万	千	百	十	元	角	分

总页码	
本户页次	

总　　　账

会计科目名称及编号：..........................

年		凭证编号	摘　要	借（增加）方										借（减少）方										借或贷	余　额									
月	日			十	亿	千	百	十	万	千	百	十	元	角	分	十	亿	千	百	十	万	千	百	十	元	角	分		十	亿	千	百	十	万	千	百	十	元	角	分

总　　账

总 页 码	
本户页次	

会计科目名称及编号：_____

年		凭证编号	摘　要	借（增加）方											借（减少）方											借或贷	余　额										
月	日			十	亿	千	百	十	万	千	百	十	元	角	分	十	亿	千	百	十	万	千	百	十	元	角	分		十	亿	千	百	十	万	千	百	十	元	角	分

总页码	
本户页次	

总　　账

会计科目名称及编号：_____

年		凭证编号	摘　要	借（增加）方											借（减少）方											借或贷	余　额										
月	日			十	亿	千	百	十	万	千	百	十	元	角	分	十	亿	千	百	十	万	千	百	十	元	角	分		十	亿	千	百	十	万	千	百	十	元	角	分

总　账

总 页 码	
本户页次	

会计科目名称及编号：_____

年		凭证编号	摘　要	借（增加）方											借（减少）方											借或贷	余　额										
月	日			十	亿	千	百	十	万	千	百	十	元	角	分	十	亿	千	百	十	万	千	百	十	元	角	分		十	亿	千	百	十	万	千	百	十	元	角	分

总 页 码	
本户页次	

总　　账

会计科目名称及编号：_____

年		凭证编号	摘　要	借（增加）方											借（减少）方											借或贷	余　额										
月	日			十	亿	千	百	十	万	千	百	十	元	角	分	十	亿	千	百	十	万	千	百	十	元	角	分		十	亿	千	百	十	万	千	百	十	元	角	分

总  账

总 页 码	
本户页次	

会计科目名称及编号：_____

年		凭证编号	摘　要	借（增加）方											借（减少）方											借或贷	余　额										
月	日			十	亿	千	百	十	万	千	百	十	元	角	分	十	亿	千	百	十	万	千	百	十	元	角	分		十	亿	千	百	十	万	千	百	十	元	角	分

总 页 码	
本户页次	

总　　账

会计科目名称及编号： ------------------------

年		凭证编号	摘　要	借（增加）方											借（减少）方											借或贷	余　额										
月	日			十	亿	千	百	十	万	千	百	十	元	角	分	十	亿	千	百	十	万	千	百	十	元	角	分		十	亿	千	百	十	万	千	百	十	元	角	分

总　　　账

总 页 码	
本户页次	

会计科目名称及编号：_____

年		凭证编号	摘　要	借（增加）方											借（减少）方											借或贷	余　额										
月	日			十	亿	千	百	十	万	千	百	十	元	角	分	十	亿	千	百	十	万	千	百	十	元	角	分		十	亿	千	百	十	万	千	百	十	元	角	分

总页码	
本户页次	

总　　账

会计科目名称及编号：............................

年		凭证编号	摘　要	借（增加）方											借（减少）方											借或贷	余　额										
月	日			十	亿	千	百	十	万	千	百	十	元	角	分	十	亿	千	百	十	万	千	百	十	元	角	分	十	亿	千	百	十	万	千	百	十	元	角	分

总  账

总 页 码
本户页次

会计科目名称及编号： _____

年		凭证编号	摘　要	借（增加）方											借（减少）方											借或贷	余　额										
月	日			十	亿	千	百	十	万	千	百	十	元	角	分	十	亿	千	百	十	万	千	百	十	元	角	分		十	亿	千	百	十	万	千	百	十	元	角	分

普通高等教育"十三五"规划教材·会计系列

总页码	
本户页次	

总　　　账

会计科目名称及编号：_____

年		凭证编号	摘　要	借（增加）方											借（减少）方											借或贷	余　额										
月	日			十	亿	千	百	十	万	千	百	十	元	角	分	十	亿	千	百	十	万	千	百	十	元	角	分		十	亿	千	百	十	万	千	百	十	元	角	分

总 账

总页码	
本户页次	

会计科目名称及编号：_____

年		凭证编号	摘要	借（增加）方											借（减少）方											借或贷	余 额										
月	日			十	亿	千	百	十	万	千	百	十	元	角	分	十	亿	千	百	十	万	千	百	十	元	角	分		十	亿	千	百	十	万	千	百	十	元	角	分

总页码	
本户页次	

总　　　账

会计科目名称及编号：..........................

年		凭证编号	摘　要	借（增加）方										借（减少）方										借或贷	余　额									
月	日			十	亿	千	百	十	万	千	百	十	元	角	分	十	亿	千	百	十	万	千	百	十	元	角	分		十	亿	千	百	十	万	千	百	十	元	角	分

总  账

总 页 码	
本户页次	

会计科目名称及编号：........................

年		凭证编号	摘 要	借（增加）方										借（减少）方										借或贷	余 额									
月	日			十	亿	千	百	十	万	千	百	十	元	角	分	十	亿	千	百	十	万	千	百	十	元	角	分		十	亿	千	百	十	万	千	百	十	元	角	分

总 页 码	
本户页次	

总　　账

会计科目名称及编号：........................

年		凭证编号	摘　要	借（增加）方	借（减少）方	借或贷	余　额
月	日			十亿千百十万千百十元角分	十亿千百十万千百十元角分		十亿千百十万千百十元角分

总　　　账

总 页 码	
本户页次	

会计科目名称及编号：_____

年		凭证编号	摘　要	借（增加）方											借（减少）方											借或贷	余　额										
月	日			十	亿	千	百	十	万	千	百	十	元	角	分	十	亿	千	百	十	万	千	百	十	元	角	分		十	亿	千	百	十	万	千	百	十	元	角	分

总页码	
本户页次	

总　　账

会计科目名称及编号：_____

年		凭证编号	摘　要	借（增加）方										借（减少）方										借或贷	余　额									
月	日			十	亿	千	百	十	万	千	百	十	元	角	分	十	亿	千	百	十	万	千	百	十	元	角	分		十	亿	千	百	十	万	千	百	十	元	角	分

总  账

总 页 码	
本户页次	

会计科目名称及编号: _____

年		凭证编号	摘　要	借（增加）方											借（减少）方											借或贷	余　额										
月	日			十	亿	千	百	十	万	千	百	十	元	角	分	十	亿	千	百	十	万	千	百	十	元	角	分		十	亿	千	百	十	万	千	百	十	元	角	分

普通高等教育"十三五"规划教材·会计系列

总 页 码	
本户页次	

总　　　账

会计科目名称及编号：........................

年		凭证编号	摘　要	借（增加）方											借（减少）方											借或贷	余　额										
月	日			十	亿	千	百	十	万	千	百	十	元	角	分	十	亿	千	百	十	万	千	百	十	元	角	分		十	亿	千	百	十	万	千	百	十	元	角	分

总 账

总 页 码	
本户页次	

会计科目名称及编号：_____

年		凭证编号	摘 要	借（增加）方											借（减少）方											借或贷	余 额										
月	日			十	亿	千	百	十	万	千	百	十	元	角	分	十	亿	千	百	十	万	千	百	十	元	角	分		十	亿	千	百	十	万	千	百	十	元	角	分

总 页 码	
本户页次	

总　　账

会计科目名称及编号：.........................

年		凭证编号	摘　要	借（增加）方											借（减少）方											借或贷	余　额										
月	日			十	亿	千	百	十	万	千	百	十	元	角	分	十	亿	千	百	十	万	千	百	十	元	角	分		十	亿	千	百	十	万	千	百	十	元	角	分

总  账

总 页 码	
本户页次	

会计科目名称及编号: _____

年		凭证编号	摘　要	借（增加）方											借（减少）方											借或贷	余　额										
月	日			十	亿	千	百	十	万	千	百	十	元	角	分	十	亿	千	百	十	万	千	百	十	元	角	分	十	亿	千	百	十	万	千	百	十	元	角	分

总 页 码	
本户页次	

总　　账

会计科目名称及编号：_____

年		凭证编号	摘　要	借（增加）方										借（减少）方										借或贷	余　额									
月	日			十	亿	千	百	十	万	千	百	十	元	角	分	十	亿	千	百	十	万	千	百	十	元	角	分		十	亿	千	百	十	万	千	百	十	元	角	分

总　　　　　　　　账

总 页 码	
本户页次	

会计科目名称及编号：——————————————————

年		凭证编号	摘　　要	借（增加）方											借（减少）方											借或贷	余　　额										
月	日			十	亿	千	百	十	万	千	百	十	元	角	分	十	亿	千	百	十	万	千	百	十	元	角	分		十	亿	千	百	十	万	千	百	十	元	角	分

普通高等教育"十三五"规划教材·会计系列

总 页 码	
本户页次	

总　　　　账

会计科目名称及编号：......................

年		凭证编号	摘　要	借（增加）方										借（减少）方										借或贷	余　额									
月	日			十	亿	千	百	十	万	千	百	十	元	角	分	十	亿	千	百	十	万	千	百	十	元	角	分		十	亿	千	百	十	万	千	百	十	元	角	分

总  **账**

总 页 码	
本户页次	

会计科目名称及编号： _____

年		凭证编号	摘　　要	借（增加）方											借（减少）方											借或贷	余　　额										
月	日			十	亿	千	百	十	万	千	百	十	元	角	分	十	亿	千	百	十	万	千	百	十	元	角	分		十	亿	千	百	十	万	千	百	十	元	角	分

总 页 码	
本户页次	

总　　账

会计科目名称及编号：.........................

年		凭证编号	摘　要	借（增加）方										借（减少）方										借或贷	余　额									
月	日			十	亿	千	百	十	万	千	百	十	元	角	分	十	亿	千	百	十	万	千	百	十	元	角	分	十	亿	千	百	十	万	千	百	十	元	角	分

总　账

总页码	
本户页次	

会计科目名称及编号：_____

年		凭证编号	摘　要	借（增加）方										借（减少）方										借或贷	余　额									
月	日			十	亿	千	百	十	万	千	百	十	元	角	分	十	亿	千	百	十	万	千	百	十	元	角	分		十	亿	千	百	十	万	千	百	十	元	角	分

总 页 码	
本户页次	

总　　　账

会计科目名称及编号：......................

年		凭证编号	摘　要	借（增加）方										借（减少）方										借或贷	余　额									
月	日			十	亿	千	百	十	万	千	百	十	元	角	分	十	亿	千	百	十	万	千	百	十	元	角	分		十	亿	千	百	十	万	千	百	十	元	角	分

J2 式

类别

编号

科 目 汇 总 表

年　月　日至　日

凭证　号至　号其　张

凭证　号至　号其　张

凭证　号至　号其　张

会计科目	本 期 发 生 额																							
	借方金额											√	贷方金额											√
	亿	千	百	十	万	千	百	十	元	角	分		亿	千	百	十	万	千	百	十	元	角	分	
合　计																								

会计主管　　　　　　记账　　　　　　　　审核　　　　　　　　制表

J2 式
类别
编号

科 目 汇 总 表

年　月　日至　日

会计科目	本 期 发 生 额																							
	借方金额										√	贷方金额										√
	亿	千	百	十	万	千	百	十	元	角	分		亿	千	百	十	万	千	百	十	元	角	分	
合　计																								

会计主管　　　　　　　记账　　　　　　　审核　　　　　　　制表

J2 式

类别

编号

科 目 汇 总 表

年　月　日至　日

凭证　　号至　　号其　　张

凭证　　号至　　号其　　张

凭证　　号至　　号其　　张

会计科目	本 期 发 生 额																						
	借方金额											√	贷方金额											√
	亿	千	百	十	万	千	百	十	元	角	分		亿	千	百	十	万	千	百	十	元	角	分	
合　计																								

会计主管　　　　　　记账　　　　　　审核　　　　　　制表

J2 式

类别

编号

科 目 汇 总 表

年　月　日至　日

凭证　　号至　号其　张

凭证　　号至　号其　张

凭证　　号至　号其　张

会计科目	本 期 发 生 额																						
	借方金额										√	贷方金额										√
	亿	千	百	十	万	千	百	十	元	角	分		亿	千	百	十	万	千	百	十	元	角	分	
合　计																								

会计主管　　　　　记账　　　　　　　审核　　　　　　制表

J2 式
类别
编号

科 目 汇 总 表
年 月 日至 日

凭证 号至 号其 张
凭证 号至 号其 张
凭证 号至 号其 张

会计科目	本 期 发 生 额																								
	借方金额											√	贷方金额												√
	亿	千	百	十	万	千	百	十	元	角	分		亿	千	百	十	万	千	百	十	元	角	分	
合　计																									

会计主管　　　　　　记账　　　　　　审核　　　　　　制表

J2 式
类别
编号

科 目 汇 总 表

年　月　日至　日

凭证　　号至　　号其　　张
凭证　　号至　　号其　　张
凭证　　号至　　号其　　张

会计科目	本 期 发 生 额																						
	借方金额										√	贷方金额										√
	亿	千	百	十	万	千	百	十	元	角	分		亿	千	百	十	万	千	百	十	元	角	分	
合　计																								

会计主管　　　　　　　记账　　　　　　　审核　　　　　　　制表

J2 式　　　　　　　　　　　**科 目 汇 总 表**　　　　　　　　凭证　号至　号其　张
类别　　　　　　　　　　　　　年　月　日至　日　　　　　　　　凭证　号至　号其　张
编号　　　　　　　　　　　　　　　　　　　　　　　　　　　　　凭证　号至　号其　张

会计科目	本 期 发 生 额																							
	借方金额										√	贷方金额										√
	亿	千	百	十	万	千	百	十	元	角	分		亿	千	百	十	万	千	百	十	元	角	分	
合　计																								

会计主管　　　　　　　记账　　　　　　　审核　　　　　　　制表

J2 式
类别
编号

科 目 汇 总 表

年　月　日至　日

凭证　　号至　号其　张
凭证　　号至　号其　张
凭证　　号至　号其　张

会计科目	本 期 发 生 额																								
	借方金额											√	贷方金额											√
	亿	千	百	十	万	千	百	十	元	角	分		亿	千	百	十	万	千	百	十	元	角	分	
合　计																								

会计主管　　　　　记账　　　　　　审核　　　　　　制表

明细账

科目名称:________

年		凭证		摘要	合计	明细					
月	日	字	号		千百十万千百十元角分	百十万千百十元角分	百十万千百十元角分	百十万千百十元角分	百十万千百十元角分	百十万千百十元角分	百十万千百十元角分

明细账

普通高等教育"十三五"规划教材·会计系列

科目名称:＿＿＿＿＿

年		凭证		摘　要	合　计	明　　细							
月	日	字	号		千百十万千百十元角分	百十万千百十元角分	百十万千百十元角分	百十万千百十元角分	百十万千百十元角分	百十万千百十元角分	百十万千百十元角分	百十万千百十元角分	百十万千百十元角分

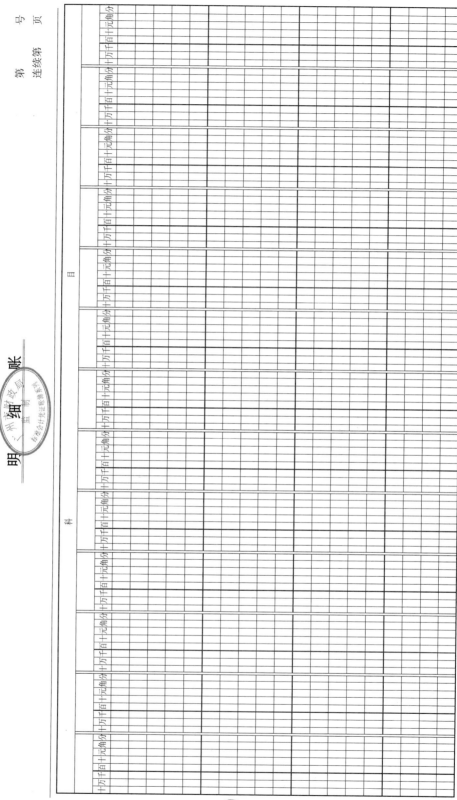

科目名称：_____

凭证		摘要	合计		明 细							
年 月 日	字 号		千百十万千百十元角分		千百十万千百十元角分	千百十万千百十元角分	千百十万千百十元角分	千百十万千百十元角分	千百十万千百十元角分	千百十万千百十元角分	千百十万千百十元角分	千百十万千百十元角分

明细账

第　　号
连续第　　页

科　　目

十万千百十元角分	十万千百十元角分	十万千百十元角分	十万千百十元角分	十万千百十元角分	十万千百十元角分	十万千百十元角分	十万千百十元角分	十万千百十元角分	十万千百十元角分	十万千百十元角分	十万千百十元角分	十万千百十元角分

科目名称：_____

年	月	日	凭证		摘要	合计	明　　　细							
			字	号		千百十万千百十元角分	千百十万千百十元角分	千百十万千百十元角分	千百十万千百十元角分	千百十万千百十元角分	千百十万千百十元角分	千百十万千百十元角分	千百十万千百十元角分	千百十万千百十元角分

明细账

第　　号
连续第　　页

科　　目

十万千百十元角分	十万千百十元角分	十万千百十元角分	十万千百十元角分	十万千百十元角分	十万千百十元角分	十万千百十元角分	十万千百十元角分	十万千百十元角分	十万千百十元角分	十万千百十元角分	十万千百十元角分

科目名称：__________

年		凭证		摘要	合计	明细						
月	日	字	号		千百十万千百十元角分	百十万千百十元角分	百十万千百十元角分	百十万千百十元角分	百十万千百十元角分	百十万千百十元角分	百十万千百十元角分	百十万千百十元角分

账簿启用表

单位名称		（加盖公章）	负责人	职务	姓名
账簿名称		账簿第　　册	单位负责人		
账簿号码	第　号	启用日期　年　月　日	单位主管财会 工作负责人		
账簿面数		本账簿共计　　页	会计机构负责人、 会计主管人员		

经营本账簿人员一览表

记账人员			接　管			移　交			监交人员		备　注
职务	姓名	盖章	年	月	日	年	月	日	职务	姓名	

贴印花处

订货电话：87391319　82301200

账 户 目 录

页号	编号	名　称	页号	编号	名　称	页号	编号	名　称	页号	编号	名　称
1			51			101			151		
3			53			103			153		
5			55			105			155		
7			57			107			157		
9			59			109			159		
11			61			111			161		
13			63			113			163		
15			65			115			165		
17			67			117			167		
19			69			119			169		
21			71			121			171		
23			73			123			173		
25			75			125			175		
27			77			127			177		
29			79			129			179		
31			81			131			181		
33			83			133			183		
35			85			135			185		
37			87			137			187		
39			89			139			189		
41			91			141			191		
43			93			143			193		
45			95			145			195		
47			97			147			197		
49			99			149			199		

明细科目＿＿＿＿　　品名＿＿＿＿＿　　类别＿＿＿＿＿　　存放地点＿＿＿＿＿　　规格＿＿＿＿＿　　计量单位＿＿＿＿＿

账号		总页码	
		页次	

最高存量：
最低存量：

编号＿＿＿		凭证编号	摘要	借方金额											贷方金额										余额										核对号
年				数量	单位	千	百	十	万	千	百	十	元	角	分	数量	单价	千	百	十	万	千	百	十	元	角	分	借或贷	数量	单位	金额	千	百	十	万	千	百	十	元	角	分	
月	日																																									

J6式03号 广州佰平会计用品有限公司

最高存量：

最低存量：

账号

总页码

页次

明细科目

品名

类别

存放地点

规格

计量单位

编号

亳州市财政局 监制 专业会计凭证账票据系列

年		凭证	摘要	借 方				贷 方			借或贷	金 额			核对号
月	日	编号		数量	单位	金 额 千百十万千百十元角分	数量	单价	金 方 额 千百十万千百十元角分			数量	单位	金 额 千百十万千百十元角分	

账号 _____ 总页码 _____
页次 _____

最高存量：_____
最低存量：_____

明细科目 _____
类别 _____　存放地点 _____
规格 _____　计量单位 _____
品名 _____
编号 _____

年		凭证编号	摘要	借方				贷方				借或贷	结存				核对号
月	日			数量	单位	单价	金额 千百十万千百十元角分	数量	单位	单价	金额 千百十万千百十元角分		数量	单位	金额 千百十万千百十元角分		

J6式 03号　广州佰平会计用品有限公司

最高存量：

最低存量：

总页码

账号

页次

明细科目

品名　　　类别　　　存放地点　　　规格　　　计量单位　　　编号

广州市财政局　监制　标准会计凭证账簿票据

年		凭证编号	摘要	借方		贷方			借或贷	金额		核对号
月	日			数量	单位 金 方 额（千百十万千百十元角分）	数量	单价	金 方 额（千百十万千百十元角分）		数量	单位 金 额（千百十万千百十元角分）	

| 最高存量： | 账号 | 总页码 |
| 最低存量： | 页次 | |

明细科目＿＿＿　类别＿＿＿　存放地点＿＿＿　规格＿＿＿　计量单位＿＿＿　编号＿＿＿

| 编号 | 年月日 | 凭证编号 | 摘要 | 借方 | | 贷方 | | 借或贷 | 余额 | | 核对号 |

J6式 03号　广州佰平会计用品有限公司

普通高等教育"十三五"规划教材·会计系列

最高存量：
最低存量：

账号　总页码
页次

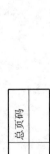

广州市财政局 监制

明细科目

品名　类别

存放地点　规格　计量单位　编号

年		凭证编号	摘要	借方			贷方			借或贷	金额		数量	单位	金额	核对号
月	日			数量	单位	金额 千百十万千百十元角分	数量	单价	金额 千百十万千百十元角分		千百十万千百十元角分				千百十万千百十元角分	

账号	总页码
页次	

最高存量：

最低存量：

明细科目

类别

存放地点

规格

计量单位

编号	凭证编号	摘要	借方		贷方		借或贷	金方			金额			品名 金额			核对号

（广州市财政局 监制 统一会计凭证监制章）

J6式 03号 广州佰平会计用品有限公司

最高存量：
最低存量：

账号
页次

总页码
页次

明细科目
品名
类别
存放地点
规格
计量单位
编号

广州市财政局　监制　标准会计凭证账簿系列

年		凭证编号	摘要	借方			金额	贷方			金额	借或贷	金额		核对号
月	日			数量	单位		千百十万千百十元角分	数量	单价		千百十万千百十元角分		数量	单位	金额 千百十万千百十元角分

账号　总页码
页次

最高存量：
最低存量：

明细科目

类别

存放地点

规格

计量单位

编号

年		凭证编号	摘要	借方					贷方					借或贷	结存（余额）					核对号
月	日			数量	单位	金额 千百十万千百十元角分			数量	单价	金额 千百十万千百十元角分				数量	单位	金额 千百十万千百十元角分			

品名

J6式 03号 广州佰平会计用品有限公司

明细科目

品名　　　　类别　　　　存放地点　　　　规格　　　　计量单位　　　　编号

账号	总页码
页次	

最高存量：
最低存量：

年		凭证编号	摘要	借方			贷方			借或贷	结存			核对号
月	日			数量	单价	金额(千百十万千百十元角分)	数量	单价	金额(千百十万千百十元角分)		数量	单位	金额(千百十万千百十元角分)	

标准会计凭证账簿系列　乙监制　乙州市财政局

明细科目

| 编号 | 年 | | 凭证 | 摘要 | 借 方 | | | | 贷 方 | | | 借或贷 | 金 额 | | | 核对号 |
	月	日	编号		数量	单位	金 额（千百十万千百十元角分）		数量	单价	金 额（千百十万千百十元角分）		数量	单位	金 额（千百十万千百十元角分）	

类别＿＿＿＿ 存放地点＿＿＿＿ 规格＿＿＿＿ 计量单位＿＿＿＿

品名＿＿＿＿

账号 ＿＿＿＿ 页次 ＿＿＿＿
总页码 ＿＿＿＿

最高存量：
最低存量：

广州市财政局 监制
标准会计凭证票据系列

J6式 03号 广州佰平会计用品有限公司

最高存量：
最低存量：

账号 页次
总页码

明细科目
品名　　　　类别　　　　规格　　　　计量单位　　　　编号

存放地点

| 年 | | 凭证编号 | 摘要 | 借 方 | | | 贷 方 | | | 金 额 | | 核对号 |
月	日			数量	单位	金额 千百十万千百十元角分	数量	单价	金额 千百十万千百十元角分	数量	单位	金额 千百十万千百十元角分

账号	
页次	

	总页码

明细科目＿＿＿＿＿　类别＿＿＿＿＿　存放地点＿＿＿＿＿　规格＿＿＿＿＿　计量单位＿＿＿＿＿　编号＿＿＿＿＿

最高存量：
最低存量：

年月日	凭证编号	摘要	借方			贷方				结存				核对号
			数量	单位	金额(千百十万千百十元角分)	数量	单价	金额(千百十万千百十元角分)	借或贷	数量	单位	金额(千百十万千百十元角分)	品名	

J6式03号　广州佰平会计用品有限公司

普通高等教育"十三五"规划教材·会计系列

最高存量：
最低存量：

账号　总页码
页次

明细科目
品名　类别　存放地点　规格　计量单位　编号

年月日		凭证编号	摘要	借方			贷方				借或贷	余额			核对号
月	日			数量	单位	金额 千百十万千百十元角分	数量	单价	单位	金额 千百十万千百十元角分		数量	单位	金额 千百十万千百十元角分	

广州市财政局 监制 标准会计凭证账薄系列

账号		总页码	
页次			

最高存量：

最低存量：

明细科目

品名　　类别　　存放地点　　规格　　计量单位　　编号

（广州市财政局 监制　本校会计凭证账簿系列）

年月日	凭证编号	摘要	借方				贷方					金额			核对号
			数量	单位	金额（千百十万千百十元角分）	借或贷	数量	单价	金额（千百十万千百十元角分）	借或贷	数量	单位	金额（千百十万千百十元角分）		

J6式　03号　广州佰平会计用品有限公司

普通高等教育"十三五"规划教材·会计系列

最高存量：
最低存量：

账号　页次
总页码

明细科目
品名　类别　存放地点　规格　计量单位　编号

年		凭证编号	摘要	借方				借或贷	贷方				结存				核对号
月	日			数量	单位	金额 千百十万千百十元角分			数量	单价	金额 千百十万千百十元角分		数量	单位	金额 千百十万千百十元角分		

（广州市财政局监制印章）

账号		总页码	
页次			

最高存量：
最低存量：

明细科目
类别
存放地点
规格
计量单位
编号

编号	凭证编号		摘要	借方金额													贷方金额														借或贷	金额													核对号
年 月 日				数量	单位	单价	千百十万千百十元角分										数量	单位	单价	千百十万千百十元角分												数量	单位	金额 千百十万千百十元角分												

J6式 03号　广州佰平会计用品有限公司

最高存量：

最低存量：

账号

总页码

页次

核对号

编号

金额　千百十万千百十元角分

单位

数量

借或贷

贷方　金额　千百十万千百十元角分

单价

数量

计量单位

借方　金额　千百十万千百十元角分

单位

数量

规格

存放地点

广州市财政局
监制
财政会计凭证账簿系列

明细科目

品名

类别

年　月　日

凭证编号

摘要

明细科目＿＿＿＿＿　类别＿＿＿＿＿　存放地点＿＿＿＿＿　规格＿＿＿＿＿　计量单位＿＿＿＿＿　编号＿＿＿＿＿

最高存量：
最低存量：

账号	总页码
页次	

年		凭证编号	摘要	借方				贷方				品名				核对号
月	日			数量	单位	金额 千百十万千百十元角分	借或贷	数量	单价	金额 千百十万千百十元角分		数量	单位	金额 千百十万千百十元角分		

J6式　03号　广州佰平会计用品有限公司

最高存量：
最低存量：

账号　总页码
　　　页次

明细科目
类别
品名

存放地点
规格
计量单位
编号

年		凭证编号	摘要	借方			贷方			借或贷	余额			核对号
月	日			数量	单位	金额（千百十万千百十元角分）	数量	单价	金额（千百十万千百十元角分）		数量	单位	金额（千百十万千百十元角分）	

应交税费（增值税）明细账

账号	总页码
页次	

借方			贷方		合计		余额
出口抵减内销产品应纳税额	出口退税	进项税额转出	转出多交增值税	销项税额		借或贷	

J8式　03号　广州佰平会计用品有限公司

年		凭证编号	摘　要	合计										借　方																												
														进项税额									已交税金									减免税款									转出未交增值税					
月	日			千|百|十|万|千|百|十|元|角|分									百|十|万|千|百|十|元|角|分									百|十|万|千|百|十|元|角|分									百|十|万|千|百|十|元|角|分									百|十|万|千|百|十|元|角|分				

应交税费（增值税）明细账

账号	
页次	总页码

余　额（千百十万千百十元角分）

借或贷

贷　方

转出多交增值税（千百十万千百十元角分）

进项税额转出（千百十万千百十元角分）

出口退税（千百十万千百十元角分）

销项税额（千百十万千百十元角分）

合　计（千百十万千百十元角分）

出口抵减内销产品应纳税额（千百十万千百十元角分）

J8式 03号 b 广州佰平会计用品有限公司

年		凭证编号	摘要	合计										进项税额										已交税金										减免税款										转出未交增值税									
月	日			千	百	十	万	千	百	十	元	角	分	千	百	十	万	千	百	十	元	角	分	千	百	十	万	千	百	十	元	角	分	千	百	十	万	千	百	十	元	角	分	百	十	万	千	百	十	元	角	分

年 凭证		摘	合 计																																											账号	页次
月 日	编号	要	千 百 十 万 千 百 十 元 角 分	百 十 万 千 百 十 元 角 分	百 十 万 千 百 十 元 角 分	百 十 万 千 百 十 元 角 分	百 十 万 千 百 十 元 角 分	百 十 万 千 百 十 元 角 分	百 十 万 千 百 十 元 角 分																																					总页码

账号	总页码		
页次			

| 年凭证 | | | | 合　计 | | | | | | | | | | | | | | | | | | | | | | | | | | | | | | | | | | | | | | | | | | | | | | | | | | | | | | | | | | | | | |
| 月 日 | 编号 | 摘要 | | 千 百 十 万 千 百 十 元 角 分 | | | | | | | | | | 百 十 万 千 百 十 元 角 分 | | | | | | | | | | 百 十 万 千 百 十 元 角 分 | | | | | | | | | | 百 十 万 千 百 十 元 角 分 | | | | | | | | | | 百 十 万 千 百 十 元 角 分 | | | | | | | | | | 百 十 万 千 百 十 元 角 分 | | | | | | | | | |

总页码

账号 | 页次

合计

摘要

年 月 日 | 凭证编号

千百十万千百十元角分

广州市财政局 监制 专业会计凭证账簿

T式7栏 03号 ⑤ 广州佰平会计用品有限公司

账号　总页码

页次

年（月　日）　凭证编号　摘要　合计

千百十万千百十元角分

总页码

账号　页次

合计

摘要

年　凭证号编号　月　日

千百十万千百十元角分（各栏）

T1式7栏03号　广州佰平会计用品有限公司

账号	总页码							
页次								

账号 总页码

页次

年 月 日	凭证 编号	摘要	合计 千百十万千百十元角分						

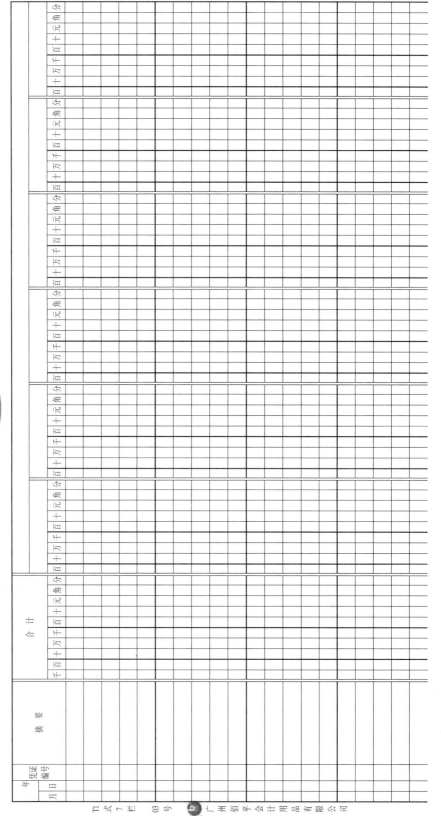

账号

页次

总页码

摘要

年 凭证
月 日 编号

合计

千 百 十 万 千 百 十 元 角 分

百 十 万 千 百 十 元 角 分

年		凭证	摘要			合计																																														账号		
月	日	编号		千	百	十	万	千	百	十	元	角	分																																								页次		

普通高等教育"十三五"规划教材·会计系列

账号

总页码

页次

年	凭证编号	摘要	合计																																																																			
月 日			千百十万千百十元角分										百十万千百十元角分										百十万千百十元角分										百十万千百十元角分										百十万千百十元角分										百十万千百十元角分										百十万千百十元角分									

年		凭证编号	摘要	合计										分										分										分										分										分										分	账号	
月	日			千	百	十	万	千	百	十	元	角	分	百	十	万	千	百	十	元	角	分	百	十	万	千	百	十	元	角	分	百	十	万	千	百	十	元	角	分	百	十	万	千	百	十	元	角	分	百	十	万	千	百	十	元	角	总页码	页次

年		凭证	摘要	合计										分	角	元	十	百	千	万	十	百	分	角	元	十	百	千	万	十	百
月	日	编号		千	百	十	万	千	百	十	元	角	分																		

账号　总页码
页次

（印章：广州市财政局　监制　标准会计凭证账簿凭单系列）

年	凭证编号		摘要	合计																																																	
月	日			千	百	十	万	千	百	十	元	角	分	百	十	万	千	百	十	元	角	分	百	十	万	千	百	十	元	角	分	百	十	万	千	百	十	元	角	分	百	十	万	千	百	十	元	角	分	百	十	万	千	百	十	元	角	分	百	十	万	千	百	十	元	角	分

账号

页次

总页码

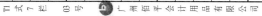

| 年 | | 凭证 | 摘要 | 合计 | | | | | | | | | | | | | | | | | | | | | | | | | | | | | | | | | | | | | | | | | | | | | | | | | | | | | | | |
|月|日|编号| |千|百|十|万|千|百|十|元|角|分|百|十|万|千|百|十|元|角|分|百|十|万|千|百|十|元|角|分|百|十|万|千|百|十|元|角|分|百|十|万|千|百|十|元|角|分|百|十|万|千|百|十|元|角|分|百|十|万|千|百|十|元|角|分|

账号　总页码
页次

年		凭证	摘	合 计																																																			账号	
月	日	编号	要	千	百	十	万	千	百	十	元	角	分																																								页次	总页码

广 州 佰 平 会 计 用 品 有 限 公 司 T1式 7 栏 03号

年	凭证	摘要	合计																																										
月 日	编号		千 百 十 万 千 百 十 元 角 分																																										

账号 ___ 总页码 ___
页次 ___

账号	总页码
页次	

（表头栏目：千 百 十 万 千 百 十 元 角 分）

摘要　合计

年 月 日　凭证摘号

T式7栏　03号　广州佰平会计用品有限公司

| 年 | 凭证 | 摘要 | 合计 | | | | | | | | | | 千百十万千百十元角分 | | | | | | | | | | 千百十万千百十元角分 | | | | | | | | | | 千百十万千百十元角分 | | | | | | | | | | 千百十万千百十元角分 | | | | | | | | | | 千百十万千百十元角分 | | | | | | | | | | 千百十万千百十元角分 | | | | | | | | | |
| 月 日 | 编号 | | 千百十万千百十元角分 | | | | | | | | | | | | | | | | | | | | | | | | | | | | | | | | | | | | | | | | | | | | | | | | | | | | | | | | | | | | | | | | | | | | | | | | | | | | | | | | |

总页码

账号　页次

账号	总页码
页次	

年		凭证编号	摘要	合计																																																															
月	日			千	百	十	万	千	百	十	元	角	分	百	十	万	千	百	十	元	角	分	百	十	万	千	百	十	元	角	分	百	十	万	千	百	十	元	角	分	百	十	万	千	百	十	元	角	分	百	十	万	千	百	十	元	角	分	百	十	万	千	百	十	元	角	分

T1式7栏 03号 广州佰平会计用品有限公司

年 月 日	凭证 编号	摘要	合计 千百十万千百十元角分	千百十万千百十元角分	千百十万千百十元角分	千百十万千百十元角分	千百十万千百十元角分	千百十万千百十元角分	千百十万千百十元角分

账号　页次

总页码

（印章）
××市财政局
监　制
标准会计凭证簿系列

固定资产项目明细账

资产类别：_____　编　号：_____　规格型号：_____

单　位：_____　数　量：_____　凭证编号：_____　单　价：_____　使用年限：_____

年（月）折旧额（率）：_____　资产名称：_____　存放地点：_____

购置日期：_____　第_____页

年		凭证编号	摘要	原值			折旧		累计金额	净值
月	日			借方	贷方	借余额	借方	贷方		

固定资产项目明细账

第_____页

第_____页

资产类别:_____ 编号:_____ 规格型号:_____ 单位:_____ 购置日期:_____

数量:_____ 单价:_____ 使用年限:_____ 凭证编号:_____

资产名称:_____ 年(月)折旧额(率):_____ 存放地点:_____

年		凭证编号	摘要	原值			折旧			净值
月	日			借方	贷方	借方余额	借方	贷方	累计金额	

固定资产项目明细账

第_____页

资产类别：_____   单位：_____   单价：_____   资产名称：_____
编　号：_____   数量：_____   使用年限：_____   年（月）折旧额（率）：_____
规格型号：_____   购置日期：_____   凭证编号：_____   存放地点：_____

年		凭证编号	摘要	原值			折旧				净值
月	日			借方	贷方	借余额	借方	贷方	累计金额		

注：式 J7

固定资产项目明细账

第＿＿＿＿＿页

第＿＿＿＿＿页

资产类别：＿＿＿＿＿＿＿＿＿＿
编　　号：＿＿＿＿＿＿＿＿＿＿
规格型号：＿＿＿＿＿＿＿＿＿＿

数　　量：＿＿＿＿＿＿＿＿＿＿
单　　价：＿＿＿＿＿＿＿＿＿＿
凭证编号：＿＿＿＿＿＿＿＿＿＿

资产名称：＿＿＿＿＿＿＿＿＿＿
年（月）折旧额（率）：＿＿＿＿
存放地点：＿＿＿＿＿＿＿＿＿＿

单　　位：＿＿＿＿＿＿＿＿＿＿
使用年限：＿＿＿＿＿＿＿＿＿＿
购置日期：＿＿＿＿＿＿＿＿＿＿

年		凭证编号	摘要	原值			折旧			净值
月	日			借方	贷方	借方余额	借方	贷方	累计金额	

固定资产项目明细账

资产类别：_____　　　　数　　量：_____　　　　单　　价：_____　　　　使用年限：_____　　　　年（月）折旧额（率）：_____　　　　资产名称：_____

编　　号：_____　　　　凭证编号：_____　　　　购置日期：_____　　　　存放地点：_____

规格型号：_____

| 年 | | 凭证编号 | 摘要 | 原　值 | | 借方余额 | 折　旧 | | 累计金额 | 净　值 |
月	日			借方 千百十万千百十元角分	贷方 千百十万千百十元角分	千百十万千百十元角分	借方 千百十万千百十元角分	贷方 千百十万千百十元角分	千百十万千百十元角分	千百十万千百十元角分

单位：_____

固定资产项目明细账

第_____页   第_____页

第_____页

资产类别：_____   资产名称：_____
编_____号：_____   年（月）折旧额（率）：_____
规格型号：_____   存放地点：_____
数_____量：_____   单_____价：_____   使用年限：_____
单_____位：_____   凭证编号：_____
购置日期：_____

年		凭证编号	摘要	原值			折旧			净值
月	日			借方	贷方	借方余额	借方	贷方	累计金额	

普通高等教育"十三五"规划教材·会计系列

固定资产项目明细账

第_____页

资产类别：_____　　编　　号：_____　　规格型号：_____

购置日期：_____　　单　　位：_____　　数　　量：_____　　凭证编号：_____　　单　　价：_____　　使用年限：_____　　年（月）折旧额（率）：_____　　存放地点：_____　　资产名称：_____

年		凭证编号	摘要	原值			折旧			净值
月	日			借方	贷方	借或贷余额	借方	贷方	累计金额	净值

普通高等教育"十三五"规划教材·会计系列

固定资产项目明细账

第_____页　　　　　　　　　　　　　　　　　　　　　　　第_____页

资产类别：_____　　　单　位：_____　　　单　价：_____　　　资产名称：_____
编　　号：_____　　　数　量：_____　　　使用年限：_____　　　年(月)折旧额(率)：_____
规格型号：_____　　　购置日期：_____　　　凭证编号：_____　　　存放地点：_____

年		凭证编号	摘要	原值			折旧			净值
月	日			借方	贷方	借方余额	借方	贷方	累计金额	

固定资产项目明细账

第_____页

资产类别：_____　　单 位：_____
编　号：_____　　数　量：_____　　单　价：_____　　使用年限：_____
规格型号：_____　　购置日期：_____　　凭证编号：_____　　年（月）折旧额（率）：_____
资产名称：_____　　存放地点：_____

年		凭证编号	摘要	原 值			借方余额	折 旧		累计金额	净 值
月	日	凭证编号	摘要	借方	贷方		借方余额	借方	贷方	累计金额	净值

（各金额栏次：千 百 十 万 千 百 十 元 角 分）

固定资产项目明细账

第＿＿＿＿＿页

第＿＿＿＿＿页

资产类别：＿＿＿＿＿＿＿＿＿＿　　　　　　　　　　　资产名称：＿＿＿＿＿＿＿＿＿＿

编　　号：＿＿＿＿＿＿＿＿＿＿　　单　价：＿＿＿＿＿＿　　年（月）折旧额（率）：＿＿＿＿＿＿＿

规格型号：＿＿＿＿＿＿＿＿＿＿　　数　量：＿＿＿＿＿＿　　使用年限：＿＿＿＿＿＿　　存放地点：＿＿＿＿＿＿

＿＿＿＿＿＿＿＿＿　　单　位：＿＿＿＿＿＿　　凭证编号：＿＿＿＿＿＿

购置日期：＿＿＿＿＿＿

年		凭证	摘要	原 值			折 旧			净 值
月	日	编号		借 方	贷 方	借方余额	借 方	贷 方	累计金额	

固定资产项目明细账

第　　　页

资产类别：_____　编　号：_____　规格型号：_____

数　量：_____　单　位：_____　单　价：_____　购置日期：_____

凭证编号：_____　使用年限：_____　年（月）折旧额（率）：_____　资产名称：_____　存放地点：_____

年		凭证编号	摘要	原值			折旧			净值
月	日	凭证编号	摘要	借方	贷方	借方余额	借方	贷方	累计金额	净值

固定资产项目明细账

第_____页　　　　　　　　　　　　　　　　　　　　　　第_____页

资产类别：_____　　资产名称：_____

编号：_____

规格型号：_____

单位：_____　　单价：_____　　使用年限：_____年（月）折旧额（率）：_____　　存放地点：_____

数量：_____　　凭证编号：_____

购置日期：_____

年		凭证编号	摘要	原值			折旧			净值
月	日			借方	贷方	借方余额	借方	贷方	累计金额	
				千百十万千百十元角分	千百十万千百十元角分	千百十万千百十元角分	千百十万千百十元角分	千百十万千百十元角分	千百十万千百十元角分	千百十万千百十元角分

固定资产项目明细账

资产类别：_____　　编　　号：_____　　规格型号：_____

数　　量：_____　　单　　价：_____　　使用年限：_____

单　　位：_____　　购置日期：_____

凭证编号：_____　　年（月）折旧额（率）：_____　　资产名称：_____　　存放地点：_____

第_____页

年		凭证编号	摘要	原　值				折　旧				净　值
月	日			借　方	贷　方	借方余额		借　方	贷　方	累计金额		
				千百十万千百十元角分	千百十万千百十元角分	千百十万千百十元角分		千百十万千百十元角分	千百十万千百十元角分	千百十万千百十元角分		千百十万千百十元角分

订式

固定资产项目明细账

第_____页　　　　　　　　　　　　　　　　　　　　　　第_____页

资产类别：_____　　　单　位：_____　　　　　　　　　　资产名称：_____

编　号：_____　　　单　价：_____　　年（月）折旧额（率）：_____

规格型号：_____　购置日期：_____　数　量：_____　使用年限：_____　存放地点：_____

凭证编号：_____

| 年 | | 凭证 | 摘要 | 原值 | | | 折旧 | | | 净值 |
月	日	编号		借方	贷方	借方余额	借方	贷方	累计金额	

固定资产项目明细账

资产类别：_____　数　　量：_____　单　价：_____　　　资产名称：_____　第_____页

编　　号：_____　　凭证编号：_____　使用年限：_____　　年（月）折旧额（率）：_____

规格型号：_____　单　位：_____　购置日期：_____　　存放地点：_____

年		凭证编号	摘要	原值				折旧			累计金额	净值
月	日			借方	贷方	借方余额		借方	贷方			

普通高等教育"十三五"规划教材·会计系列

固定资产项目明细账

第_____页

第_____页

资产类别：　　　　　资产名称：

编　号：　　　　　单　价：

规格型号：　　　　　使用年限：

凭证编号：　　　　　年(月)折旧额(率)：

购置日期：　　　　　存放地点：

单　位：

数　量：

年		凭证编号	摘要	原值			折旧			净值
月	日			借方	贷方	借或贷余额	借方	贷方	累计金额	

固定资产项目明细账

资产类别：＿＿＿＿＿　　单位：＿＿＿＿＿　　数量：＿＿＿＿＿　　单价：＿＿＿＿＿　　资产名称：＿＿＿＿＿　　第＿＿＿＿＿页

编号：＿＿＿＿＿　　购置日期：＿＿＿＿＿　　凭证编号：＿＿＿＿＿　　使用年限：＿＿＿＿＿　　年（月）折旧额（率）：＿＿＿＿＿

规格型号：＿＿＿＿＿　　存放地点：＿＿＿＿＿

| 年 | | 凭证编号 | 摘要 | 原值 | | | 折旧 | | | 净值 |
月	日			借方	贷方	借方余额	借方	贷方	累计金额	

普通高等教育"十三五"规划教材·会计系列

固定资产项目明细账

第......页　　　　　　　　　　　　　　　　　　　　　　　　第......页

第......页

资产类别：＿＿＿＿＿

编　　号：＿＿＿＿＿

规格型号：＿＿＿＿＿

凭证编号：＿＿＿＿＿

数　　量：＿＿＿＿＿

单　　位：＿＿＿＿＿

购置日期：＿＿＿＿＿

单　　价：＿＿＿＿＿

使用年限：＿＿＿＿＿

年（月）折旧额（率）：＿＿＿＿＿

存放地点：＿＿＿＿＿

资产名称：＿＿＿＿＿

| 年 | | 凭证编号 | 摘要 | 原值 | | | 折旧 | | | 净值 |
月	日			借方	贷方	借方余额	借方	贷方	累计金额	

（标准会计凭证账簿系列）

固定资产项目明细账

资产类别：＿＿＿＿＿　　单　位：＿＿＿＿＿　　数　量：＿＿＿＿＿　　单　价：＿＿＿＿＿　　资产名称：＿＿＿＿＿

编　号：＿＿＿＿＿　　购置日期：＿＿＿＿＿　　凭证编号：＿＿＿＿＿　　使用年限：＿＿＿＿＿　　年（月）折旧额（率）：＿＿＿＿＿

规格型号：＿＿＿＿＿　　　　　　　　　　　　　　　　　　　　　　　　　　　　　　　　　存放地点：＿＿＿＿＿

第　　页

年 月 日	凭证 编号	摘要	原值 借方	原值 贷方	原值 借方余额	折旧 借方	折旧 贷方	折旧 累计金额	净值
			千百十万千百十元角分	千百十万千百十元角分	千百十万千百十元角分	千百十万千百十元角分	千百十万千百十元角分	千百十万千百十元角分	千百十万千百十元角分

普通高等教育"十三五"规划教材·会计系列

固定资产项目明细账

第_____页

第_____页

第_____页

资产类别:_____
编　　号:_____
规格型号:_____

购置日期:_____
数　　量:_____
单　　位:_____

资产名称:_____
年(月)折旧额(率):_____
存放地点:_____
使用年限:_____
单　价:_____
凭证编号:_____

年	月	日	凭证编号	摘要	原值			折旧			净值
					借方	贷方	借方余额	借方	贷方	累计金额	
					千百十万千百十元角分	千百十万千百十元角分	千百十万千百十元角分	千百十万千百十元角分	千百十万千百十元角分	千百十万千百十元角分	千百十万千百十元角分

出 纳 日 记 账

1

年		凭证编号	摘要	对方科目	票号	库存现金						银行存款					
月	日					借方		贷方		借方余额		借方		贷方		借方余额	
						百十万千百十元角分		百十万千百十元角分		百十万千百十元角分		百十万千百十元角分		百十万千百十元角分		百十万千百十元角分	

JJ 式　03 号　广州佰平会计用品有限公司

普通高等教育"十三五"规划教材·会计系列

出 纳 日 记 账

2

年		凭证编号	摘要	对方科目	票号	库存现金			银行存款		
月	日					借方	贷方	借方余额	借方	贷方	借方余额
						百十万千百十元角分	百十万千百十元角分	百十万千百十元角分	百十万千百十元角分	百十万千百十元角分	百十万千百十元角分

出 纳 日 记 账

年		凭证编号	摘要	对方科目	票号	库存现金			银行存款		
月	日					借方	贷方	借方余额	借方	贷方	借方余额

J3 式 03 号 广州佰平会计用品有限公司

普通高等教育"十三五"规划教材·会计系列

出 纳 日 记 账

2

年		凭证编号	摘要	对方科目	票号	库存现金			银行存款		
月	日					借方	贷方	借方余额	借方	贷方	借方余额
						百十万千百十元角分	百十万千百十元角分	百十万千百十元角分	百十万千百十元角分	百十万千百十元角分	百十万千百十元角分

出 纳 日 记 账

1

年		凭证编号	摘要	对方科目	票号	库存现金			银行存款		
月	日					借方	贷方	借方余额	借方	贷方	借方余额

JB 式 03 号 广州佰平会计用品有限公司

出纳日记账

年		凭证编号	摘要	对方科目	票号	库存现金			银行存款		
月	日					借方	贷方	借方余额	借方	贷方	借方余额
						百十万千百十元角分	百十万千百十元角分	百十万千百十元角分	百十万千百十元角分	百十万千百十元角分	百十万千百十元角分

2

出 纳 日 记 账

1

年		凭证编号	摘要	对方科目	票号	库存现金			银行存款		
月	日					借方	贷方	借方余额	借方	贷方	借方余额
						百十万千百十元角分	百十万千百十元角分	百十万千百十元角分	百十万千百十元角分	百十万千百十元角分	百十万千百十元角分

J3式 03号 广州佰平会计用品有限公司

普通高等教育"十三五"规划教材·会计系列

出纳日记账

年 月 日	凭证编号	摘要	对方科目	票号	库存现金 借方	库存现金 贷方	库存现金 借方余额	银行存款 借方	银行存款 贷方	银行存款 借方余额

5. 会计报表（资产负债表、利润表、现金流量表）

资产负债表（企业）

会企01表

编制单位：　　　　　　　　　　　　　年　月　日　　　　　　　　　　单位：元

序号	资　产	期末余额	年初余额	序号	负债和所有者权益（或股东权益）	期末余额	年初余额
1	流动资产：			34	流动负债：		
2	货币资金			35	短期借款		
3	交易性金融资产			36	交易性金融负债		
4	应收票据			37	应付票据		
5	应收账款			38	应付账款		
6	预付款项			39	预收款项		
7	应收利息			40	应付职工薪酬		
8	应收股利			41	应交税费		
9	其他应收款			42	应付利息		
10	存货			43	应付股利		
11	一年内到期的非流动资产			44	其他应付款		
12	其他流动资产			45	一年内到期的非流动负债		
13	流动资产合计			46	其他流动负债		
14	非流动资产：			47	流动负债合计		
15	可供出售金融资产			48	非流动负债：		
16	持有至到期投资			49	长期借款		
17	长期应收款			50	应付债券		
18	长期股权投资			51	长期应付款		
19	投资性房地产			52	专项应付款		
20	固定资产			53	预计负债		
21	在建工程			54	递延所得税负债		
22	工程物资			55	其他非流动负债		
23	固定资产清理			56	非流动负债合计		
24	生产性生物资产			57	负债合计		
25	油气资产			58	所有者权益（或股东权益）：		
26	无形资产			59	实收资本（或股本）		
27	开发支出			60	资本公积		
28	商誉			61	减：库存股		
29	长期待摊费用			62	盈余公积		
30	递延所得税资产			63	未分配利润		
31	其他非流动资产			64	所有者权益合计		
32	非流动资产合计			65			
33	资产总计			66	负债和所有者权益总计		

单位负责人：　　　　　　财会负责人：　　　　　　复核：　　　　　　制表：

普通高等教育"十三五"规划教材·会计系列

利润表（企业）

会企 02 表

编制单位：　　　　　　　　　　　年　月　　　　　　　　　　　单位：元

序号	项　目	本期金额	上期金额
1	一、营业收入		
2	减：营业成本		
3	营业税金及附加		
4	销售费用		
5	管理费用		
6	财务费用		
7	资产减值损失		
8	加：公允价值变动收益（损失以"－"号填列）		
9	投资收益（损失以"－"号填列）		
10	其中：对联营企业和合营企业的投资收益		
11	二、营业利润（亏损以"－"号填列）		
12	加：营业外收入		
13	减：营业外支出		
14	其中：非流动资产处置损失		
15	三、利润总额（亏损总额以"－"号填列）		
16	减：所得税费用		
17	四、净利润（净亏损以"－"号填列）		
18	五、每股收益：		
19	（一）基本每股收益		
20	（二）稀释每股收益		

单位负责人：　　　　　财会负责人：　　　　　复核：　　　　　制表：

现金流量表（企业）

会企 03 表

编制单位：　　　　　　　　　　　　年　月　　　　　　　　　　　　单位：元

项　目	本期金额	上期金额
一、经营活动产生的现金流量：		
销售商品、提供劳务收到的现金		
收到的税费返还		
收到的其他与经营活动有关的现金		
经营活动现金流入小计		
购买商品、接收劳务支付的现金		
支付给职工以及为职工支付的现金		
支付的各项税费		
支付的其他与经营活动有关的现金		
经营活动现金流出小计		
经营活动产生的现金流量净额		
二、投资活动产生的现金流量：		
收回投资所收到的现金		
取得投资收益所收到的现金		
处置固定资产、无形资产和其他长期资产所收回的现金净额		
处置子公司及其他营业单位收到的现金净额		
收到的其他与投资活动有关的现金		
投资活动现金流入小计		
购建固定资产、无形资产和其他长期资产所支付的现金		
投资所支付的现金		
取得子公司及其他营业单位支付的现金净额		
支付的其他与投资活动有关的现金		
投资活动现金流出小计		
投资活动产生的现金流量净额		
三、筹资活动产生的现金流量：		
吸收投资所收到的现金		
借款所收到的现金		
收到的其他与筹资活动有关的现金		
筹资活动现金流入小计		
偿还债务所支付的现金		
分配股利、利润或偿还利息所支付的现金		
支付的其他与筹资活动有关的现金		
筹资活动现金流出小计		
筹资活动产生的现金流量净额		

普通高等教育"十三五"规划教材·会计系列

续表

项　　目	本期金额	上期金额
四、汇率变动对现金及现金等价物的影响		
五、现金及现金等价物净增加额		
加：期初现金及现金等价物余额		
六、期末现金及现金等价物余额		
补充资料		
1. 将净利润调节为经营活动现金流量：		
净利润		
加：资产减值准备		
固定资产折旧、油气资产折耗、生产性生物资产折旧		
无形资产摊销		
长期待摊费用摊销		
处置固定资产，无形资产和其他长期资产的损失（收益以"－"号填列）		
固定资产报废损失（收益以"－"号填列）		
公允价值变动损失（收益以"－"号填列）		
财务费用（收益以"－"号填列）		
投资损失（收益以"－"号填列）		
递延所得税资产减少（增加以"－"号填列）		
递延所得税负债增加（减少以"－"号填列）		
存货的减少（增加以"－"号填列）		
经营性应收项目的减少（增加以"－"号填列）		
经营性应收项目的增加（减少以"－"号填列）		
其他		
经营活动产生的现金流量净额		
2. 不涉及现金收支的重大投资和筹资活动：		
债务转为资本		
一年内到期的可转换公司债券		
融资租入固定资产		
3. 现金及现金等价物净变动情况：		
现金的期末余额		
减：现金的期初余额		
加：现金等价物的期末余额		
减：现金等价物的期初余额		
现金及现金等价物净增加额		

单位负责人：　　　　　财会负责人：　　　　　复核：　　　　　制表：